Káoszból a harmóniába

Fordította
Hámeiri Áron

Rav Michael Laitman

Káoszból
a harmóniába

*A Kabbala útmutatása
a globális válság megoldására*

Tartalom

1. A vágy – a természet alapja

Egyetlen ok, egyetlen megoldás

A jelenlegi válság minden téren érezhető, a globális szinttől egészen az egyén szintjéig. A válság gyakorlatilag a természet palettájának egészére kiterjed – az élettelen ásványi anyagokra, a növény- és állatvilágra, illetve magára az emberi társadalomra. Ezért pusztán csak a kiemelt területeknek a kezelése nem is lehet elégséges; a problémáknak a közös gyökerét kell megtalálnunk, és azt kell orvosolnunk.

Ennek szellemében a könyv ezen első felében arra fogunk majd rámutatni, hogy a bennünket érő megannyi káros jelenség hátterében valójában egyetlenegy ok áll. S mihelyst ezt megértjük, elő tudunk majd állni egy olyan kizárólagos megoldással, amely valóban egyedüli és átfogó választ ad mindenre. Elsőként a világ és az ember természetének megismerésével kezdjük, ugyanis ha jobban megértjük a természetet, úgy rá fogunk majd jönni, hol is hibázunk, mit kell első lépésként tennünk, hogy véget vethessünk az életünkben uralkodó nehézségeknek, hogy utána egy sokkal szebb jövő felé haladjunk.

A természetben található különféle anyagok vizsgálata azt mutatja, hogy minden anyagnak és tárgynak az alaptörekvése a saját létének megőrzése. Mindazonáltal ez a törekvés minden esetben egyedi formában jut kifejeződésre: léteznek szilárd anyagok, amelyek meghatározott és állandó formával rendelkeznek, amely miatt nehéz „áttörni a határukon", mígnem mások éppen hogy a mozgás és az átalakulás révén biztosítják fennmaradásukat. Felmerül tehát a kérdés: akkor viszont mi okozza azt minden anyagnál, hogy egyedi formában viselkedjék? Mi az, ami az összes anyagnak a működését irányítja?

Az anyag viselkedése egy számítógép képernyőjén megjelenő képhez hasonlít. Ránézünk a képernyőn levő képre, és benyomást szerzünk róla, míg a számítógépben jártasak számára mindez csupán képpontok és vektorok kombinációja. Őket főként a képet megalkotó erők különféle paraméterei érdeklik, hiszen tisztában vannak vele, hogy a kép pusztán ezek kombinációjának külszínen megjelenő következménye. Például egyértelmű a számukra, milyen összetevőket kell ahhoz megváltoztatniuk, hogy világosabb, élesebb képet kaphassanak; ennélfogva ők erre fókuszálnak.

Pontosan ugyanígy, minden dolog és rendszer, ami csak a valóságban létezik, beleértve az embert is mint individuumot, illetve a társadalmat, mind-mind az erők bennük rejlő egy bizonyos együttesének a visszatükröződése. Egy adott problémával való megbirkózás mindig az anyag különböző szintjein mutatott viselkedésének megértésével kezdődik, ám ehhez kissé beljebbre, az anyagot megformáló belső erőig kell hogy hatoljunk.

E belső erőt, mely minden anyagban és dologban megtalálható, együttes néven „létezni akarás"-nak nevezzük. Ezen erő az, amely kialakítja az anyag formáját, és meghatározza a tulajdonságait és a viselkedését. A létezni akarásnak végtelenül sok formája és lehetséges kombinációja van. Minden magasabb szintet képviselő anyag nagyobb létezni akarást fejez ki. Az anyag minden egyes szintjén – élettelen, növény, állat és ember – más és más vágy alakítja az éppen ott zajló különböző folyamatokat.

A létezni akarás kétféle alapelv szerint működik: (1) megőrizni a fennálló formáját, azaz tovább létezni; (2) magához csatolni, amit a fennmaradásához szükségesnek érez. A valamit-magához-csatolni-akarás érzése az, amely különbözővé teszi az anyag egyes szintjeit.

A legkisebb létezni akarás a **mozdulatlan**ok (élettelenek) szintjén található. Mivel az élettelen dolgok alacsony szintű vággyal rendelkeznek, nincsenek rászorulva arra, hogy a fennmaradásuk végett bármiféle külső dolgot csatoljanak magukhoz. Minden akaratuk arra irányul, hogy mint atom, molekula, ásvány, stb. megőrizzék meglévő formájukat, felépítésüket és tulajdonságaikat. Minden mást eltaszítanak maguktól. Minden akaratuk arra irányul, hogy ne változzanak. Ennélfogva nevezik őket mozdulatlannak.

A **növény**ek szintjén a létezni akarás nagyobb, és lényegileg különbözik a mozdulatlanokban levő akarattól. A növény változáson megy keresztül. Szemben az élettelen dologgal, a növény nem „elégszik meg" a lét fenntartásával, hanem meghatározott folyamatokon megy keresztül. A növény aktív kapcsolatban áll a környezettel. A növények a napsugarak felé mozdulnak, és vízforrás irányába küldik a gyökereiket. A növény élete a környezetén múlik: a napon, az esőn, a hidegen, a melegen, a páratartalmon és a szárazságon, stb. A környezetétől kapja a fennmaradásához és a fejlődéséhez szükséges anyagokat, amelyeket lebont, és azokból építi fel a számára szükséges dolgokat. A rá nézve káros anyagokat kiválasztja, és ennek eredményeként növekszik. Sokkal nagyobb mértékben függ a környezetétől, mint a mozdulatlanok.

A növényeknek megvan a maguk életciklusa. A növény él és elhal. Mindazonáltal az azonos fajtájú növények az év egyazon szakaszában növekednek, és ugyanazon törvények szerint fejlődnek, élnek és hervadnak el. Magyarán: az azonos fajtához tartozó növények ugyanolyan módon működnek, és nincs köztük egy olyan egyed sem, amely különleges volna a maga nemében.

Minél nagyobb az anyagban levő „létezni akarás", az annál inkább a környezetétől függővé és arra érzékennyé teszi az adott dolgot. Egy ilyen kapcsolat az **élő**k (állatok) szintjén válik világosabbá, ahol a létezni akarás már sokkalta nagyobb, mint ahogy azt a növényeknél találjuk. Az állatok csoportokba rendeződnek. Helyzetváltoztatásra képesek, és hogy táplálékot és megfelelő létfeltételeket találjanak, egyik helyről a másikra kell vándorolniuk. Az állatoknak más állatokkal vagy növényekkel kell táplálkozniuk, és belőlük kell hogy energiát nyerjenek a létfenntartásukhoz.

Az állatok szintjén már felismerhető bizonyos mértékű fejlődés az egyéniségben. Ennek köszönhetően bír az állat egyéni érzésekkel és érzelmekkel, és fejleszti ki a maga jellegzetességét. Minden állat egyéni módon érzékeli a környezetet, közelébe megy a jótékonynak és eltávolodik a kártékonytól. Az állatok életciklusa egyéni. Mindegyikük a maga idejében születik és hal meg, eltérően a növényektől, amelyek az évszaknak megfelelően viselkednek.

A létezni akarás legmagasabb szintjét az **ember**, a „beszélő" szintje képviseli. Ő az egyedüli olyan teremtmény, amelynek fejlődése teljesen a körülötte lévőkön múlik. Érzékeli a múltat, a jelent és a jövőt. Az ember saját maga is hatással van a környezetére, a környezet pedig hatással van őrá. Az ember folyton változik. Nemcsak amiatt, merthogy neki épp jó vagy rossz a jelenlegi helyzetében, hanem mert képes érzékelni a másik embert, aminek eredményeként megkíván minden olyat, ami az embertársának van. Sőt mi több, azt akarja, hogy több legyen neki, mint a másiknak, vagy a másik hiányt szenvedjen valamiből, mert ezáltal hozzá képest jobb helyzetben érezheti magát, amitől növekedhet a megelégedettsége. Ennélfogva nevezik az emberben levő

vágyat „**egó**nak", „**élvezni akarás**nak" vagy „**öröm és él-
vezetszerzés utáni vágy**nak".

Erről a kabbalista Báál HáSzulám* a következőket mond-
ja (*Bevezetés a Kabbala Bölcseletébe*, 1. fejezet): „A kapni aka-
rás képezi a teremtés valamennyi anyagát – annak elejétől
a végéig. Olyannyira, hogy a legkülönbözőbb teremtmé-
nyek megannyi sokasága és megszámlálhatatlan történé-
seik, és az őket irányító mindazon gondolatok és törvény-
szerűségek, amelyek már fel lettek fedve, illetve amelyek
majd a jövőben fel fognak tárulni, mind-mind pusztán
a kapni akarás adott mértékei és érték menti módosulatai."

Az ember nemcsak egy „kissé fejlettebb teremtmény",
hanem teljes valóját érintően különbözik és eltér az állati
szinttől. Bár születésekor még erőtlen, ám végül a fejlődése
során minden más teremtmény fölé emelkedik. Egy ma szü-
letett borjú és egy kifejlett bika főként a méretükben, nem pe-
dig az értelmi szintjükben különböznek. Ezzel szemben egy
csecsemő szinte minden képességnek hiányában van. Lassan-
lassan, hosszú évek során növekszik és fejlődik ki.

Egy állat kölykének a fejlődése nagyon eltér az ember utód-
jának a fejlődésétől. Erre mondották (*Bábeli Talmud*, Bábá Kámá
65b): „Az egynapos bika bikának neveztetik." Magyarán: az
egynapos borjút mindjárt „bikának" nevezzük, minekutá-
na a fejlődése során szinte semmilyen plusz lényegi tulajdon-
ságot nem kap. Az embernek, az összes többi teremménytől
eltérően, hosszú évek fejlődésére van szüksége. Amikor egy
gyermek megszületik, szinte még semmit nem akar, az élete

---

* A kabbalista, Rabbi Jehuda Áslág (1884–1954) a *Zohárhoz* írott *Szu-
lám* (Létra) elnevezésű kommentárja és szövegmagyarázata nyomán
„Báál HáSzulám" néven híresült el és ismert. Báál HáSzulámot mint Ári
(Rabbi Jicchák Lúria) útjának továbbvivőjét tartják számon. Módszere ab-
ban egyedi, hogy minden napjainkban élő ember előtt megnyitja annak
a lehetőségét, hogy kapcsolatba kerülhessen a korábbi idők kabbalistái ál-
tal hátrahagyott, autentikus kabbalisztikus tudást rejtő forrásművekkel.

folyamán azonban a benne levő vágy a „még és még többet élvezni" irányába halad előre.

Amikor valamely új vágy ébred bennünk, új szükségletek is születnek bennünk, és mi szükségszerűnek érezzük kielégíteni azokat. S hogy sikerrel elégíthessük ki a szükségleteinket, fejlődik az intelligenciánk, azazhogy azon kezdünk gondolkozni, milyen lehetséges módokon elégíthetnénk ki az új szükségleteket. Ebből az következik, hogy a gondolat és az elme fejlődése az élvezni akarás növekedésének a folyománya.

Egyik megnyilvánulási formája ennek az elvnek, ahogy például a gyermekeink neveléséhez viszonyulunk. Hogy fejlődjenek, kihívást jelentő játékokat készítünk a számukra. S maga az az akarat, hogy sikeresek legyenek a játékban, újabb és újabb versengési technikák kiötlésére serkenti őket, amely így a fejlődésüket eredményezi. Az idő előrehaladtával – hogy további fejlődést, ne pedig megtorpanást okozzunk – egyre komolyabb és komolyabb nehézségi szintű feladatok elé állítjuk őket. Ha az ember nem érezné, hogy hiányzik neki valami, soha nem tudna fejlődni. Csak amikor akarunk valamit, akkor kezdjük el aktiválni az elménket és kezdünk el azon gondolkozni, hogyan is érhetnénk azt el.

Önmagában a tény, hogy az ember személyiségében mind az ész, mind pedig az érzelem jelen vannak, az „élvezni akarása" fejlődését eredményezi. Ész és érzelem kiegészítik egymást, és megnövelik az ember azon képességét, hogy képes legyen érezni és értékelni mindazokat a dolgokat, amelyeket élvezni lehet. Ezért az emberi akaratban rejlő erő sem időben, sem pedig térben nem korlátolt. Például, bár képtelen az ember ezer évvel ezelőtti eseményeket érzékelni, ugyanakkor az ész ereje által igenis meg tudja érteni a múlt eseményeit, és azt egészen annyira kiegészíteni, hogy egyúttal képessé válik átérezni azokat. Ugyanígy fordított helyzet is lehetséges: az ember érez valamit, s ahogy megvizsgálja, miként fog várhatóan a dolog hatni rá – pozitívan vagy negatívan –, a megélt érzéshez hozzátársítja az értelmet, és analizálja a helyzetet.

Az értelem és az érzelem együtt tágítják az időre és térre vonatkozó percepciós képességünket – s már nem vagyunk korlátoltak. Így előfordulhat, hogy valaki olyanokhoz akar hasonlítani, akiket csak hallomásból ismer és akik nagyon távoli helyen élnek tőle. Ugyanígy az is megeshet, hogy egy napjainkban élő ember nemcsak a saját generációja szemében sikeresnek tetsző tagjaira akar hasonlítani, hanem a történelem más korszakaiban élt kimagasló személyiségekre.

Mígnem az „élvezi akarás" beteljesülését mint élvezetet és gyönyört éljük meg, addig a vágy beteljesültének elmaradását ürességként, frusztrációként vagy akár szenvedésként érzékeljük. Így az ember boldogsága az egyre növekvő vágy kielégítésének beváltásán vagy nem beváltásán múlik. Minden tett, amit az ember végrehajt – a legkisebbtől és a legegyszerűbbtől egészen a legösszetettebbekig –, egyedül csak az általa érzett élvezet növelését, vagyis közvetetten a szenvedés csökkentését szolgálják. Gyakorlatilag ezek ugyanannak az éremnek két oldalát képviselik. Ekképp vélekedik Báál HáSzulám *Béke* című írásában:

„Jól ismert tény a természettudósok előtt, hogy még a legkisebb mozdulatot sem tudja az ember motiváció nélkül megtenni, magyarán: anélkül, hogy valamiképp jót tenne saját magával. Például, amikor az ember felemeli a kezét a székről, és átteszi azt az asztalra, méghozzá azért, mert úgy tűnik a számára, hogy azáltal, hogy átemeli a kezét az asztalra, nagyobb élvezetben lesz része. Amennyiben ugyanis nem így tűnne neki, úgy élete mind a hetven éve során a széken hagyná a kezét anélkül, hogy azt bármikor is elmozdítaná a helyéről – nem beszélve a nagyobb erőfeszítésekről."

Az ember egyedisége, összehasonlítván a természet más elemeivel, nem kizárólag az akaratuk erejében és annak jellegében nyer kifejezést, hanem abban is, hogy a vágyaik állandó jelleggel változnak és növekednek, mind az embernek mint egyénnek az élete során, mind pedig a nemzedékek folyamán. Más teremtmények – mint például a majom – fejlődéstörténete azt mutatja, hogy a néhány ezer évvel ezelőtti és a napjainkban élő majom majdhogynem teljesen megegyezik. S habár a majomban végbementek változások – melyek minden egyes egyedben megtörténnek –, ezek biológiaiak, míg a mozdulatlan (élettelen) anyagokban végbemenő változások geológiaiak. Ezzel szemben az ember a történelem folyamán alapvető változásokon ment keresztül.

Az emberi „élvezni akarás" fejlődése

Az élvezni akarás fejlődése állandó szükséget ébresztett az emberben a már meglévő dolgok továbbfejlesztésére és arra, hogy újabb és újabb dolgokat tárjon és fedezzen fel. A nagyobb vágy nagyobb szükségleteket takar, mindezek pedig az elme fejlődéséhez és élesebb felfogóképesség kialakulásához vezetnek. Az élvezni akarás növekedése váltotta ki és idézte elő az emberiség mindenkori fejlődését, és vitt bennünket folyton előre.

Kezdetben mindössze testi, létszükségleti vágyakban nyert kifejeződést az élvezni akarás, úgymint: étel, nemiség és család utáni vágyak. Ezen alapvető vágyak már az emberiség történetének közvetlen kezdetétől léteznek.

Mivel az ember társadalmi keretek között élt, további vágyak fejlődtek ki benne, mely vágyakat humán-társadalmi vágyaknak nevezzük. A gazdagságot, majd később tekintélyt, hatalmat és hírnevet célba vett élvezni akarás teljesen átformálták az emberiség arculatát. Hierarchikusan felépülő társadalmi rendszerek és osztályok jöttek létre, és változások történtek a társadalmi és gazdasági szerkezetek palettáján.

Mindezeket követően jelent meg a tudás megszerzése utáni vágy. A vágynak ez a fajtája a tudomány, az oktatási rendszer és a kultúra fejlődésében mutatkozott meg. Hatással legfőként a reneszánsztól és a tudományos forradalomtól napjainkig terjedő időszakra volt. A felvilágosodási mozgalmak fejlődése és a társadalom fokozódó szekularizálódása ugyancsak a tudásszerzés utáni vágy kifejezői voltak. A tudás utáni vágy megköveteli, hogy megismerjük a bennünket körülvevő világot. Még több és több információhoz akarunk jutni. Mindent tudni akarunk, mindent fel akarunk kutatni, és mindent uralni akarunk.

Az emberiség fejlődésének és eredményeinek áttekintése a kultúra, a nevelés, a tudományok és a technológia területén arra enged bennünket következtetni, hogy maga a fejlődő akarat az, amely létrehozza bennünk az ötleteket, találmányokat és újításokat. Ezek gyakorlatilag csak technikai eszközök, egyfajta kiszolgálók, amelyek egyes-egyedül azért lettek kifejlesztve, hogy kielégítsék az akarat szülte szükségleteinket. Megjegyzendő, hogy az akarat fejlődésének ezen folyamata nemcsak az emberiség síkján ment végbe a történelem során, hanem mindegyikünk egyéni élete folyamán is. Ezek a vágyak egymás után, eltérő kombinációkban ébrednek fel bennünk, egyszersmind irányítják életünk folyását.

S ha ez így van, úgy az élvezni akarás a bennünket előre hajtó belső motor, és kiváltója az egyszeri emberben végbemenő megannyi folyamatnak. A vágy fejlődése megállás nélküli, alakítja a jelent és a jövőt, amely felé menetelünk.

2. Az élvezet határai

„Csak két tragédia létezik az életben. Az egyik, ha az ember nem kapja meg, amit akar, a másik – ha megkapja."

(Oscar Wilde: Lady Windermere legyezője)

Ha vizsgálat alá vesszük a tudás-, hatalom-, tekintély- vagy vagyonszerzésből származó élvezeteinket, akárcsak az étel és a nemiség esetében, jól kitűnik, hogy a legnagyobb élvezet mindig a vágy és az azt kitöltő dolog első és rövid idejű találkozásakor érződik. Ahogy a vágy beteljesül, az élvezet attól a pillanattól fokozatosan csökkenni kezd. A vágy kielégültével érzett öröm akár néhány percig, óráig vagy napig is eltarthat – ezt követően azonban eltűnik. Még ha akár hosszú éveken át is küzdött az ember valamiért – mint például valamilyen fontos állás vagy neves egyetemi diploma esetében –, amint azt elérte, az elégedettség érzése elmúlik. Magyarán azt látjuk, hogy a vágyat az azt kitöltő élvezet is kioltja.

Sőt mi több, az élvezet beáramlása, majd pedig elillanása a vágyból megsokszorozott erejű vágyat hoz létre bennünk. Ami ma még megelégedettséget okoz, az holnap már nem. Még többet akarunk. Sokkal többet. Így lehetséges az, hogy a vágyaink kielégítése csak növeli a vágyainkat, és arra kényszerít bennünket, hogy a korábbiaknál még nagyobb erőfeszítéseket tegyünk azok kielégítésére.

Akinek nincs semmi az életében, amit el szeretne érni, kialszik az életkedve és az aktivitása. Ezért az emberi társadalom minden egyes tagját folyamatosan újabb és újabb vágyakkal látja el, és azok egy további röpke pillanatra életerőt adnak neki. Csakhogy újra és újra feltöltődünk egy pillanatra, aztán mindjárt üressé leszünk, és a frusztráció csak fokozódik.

Ma a társadalom minduntalan további és további termékek vásárlására kényszerít bennünket, és biztosítja, hogy majdhogynem bármit megvehessünk – akár úgy is, hogy a szükséges pénz még csak nincs is a kezünkben. Az agresszív értékesítési politika, a társadalmi elvárásoknak való megfelelési kényszer és a hitelfelvételi könnyítések a valós pénzügyi lehetőségeinket meghaladó vásárlásokba visznek bele bennünket. Nem sokkal ennek létrejötte után, mintha nem is lett volna, a lelkesedés lelankad, ám a részletfizetések hosszú éveken át végigkísérnek bennünket. Az ilyen helyzetekben a vásárlás utáni csalódottság nemhogy nem merül feledésbe az idő múlásával, hanem épp ellenkezőleg, egyre csak fokozódik.

A gazdagság sem tesz boldoggá. Ez derül ki Daniel Kahneman, izraeli közgazdasági Nobel-díjas professzor nemrégiben készült felméréséből (*Science*, 2006/VI). A felmérésben közreműködő kutatók azt találták, hatalmas eltérés van aközött, ahogy az „utca embere" az olyan paraméterek hatását, mint gazdagság, egészségi állapot és kedélyállapot képes megítélni, illetve aközött, ahogy azok valóságos adatokkal alátámasztott tényleges hatását értékeli. A felmérésben az emberek mindennapi kedélyállapotát mintavételezték, mely vizsgálat során nem találtak szignifikáns különbséget gazdagok és szegények között. Sőt mi több, arra jutottak, hogy az olyan negatív kedélyállapotok, mint harag és barátságtalanság, a gazdagok közt fordulnak elő a leggyakrabban. Az egyik magyarázat arra, hogy vajon miért nincs szorosabb kapcsolat gazdagság és mindennapi életkedv között: nagyon gyorsan hozzászokunk a fizikai kényelemhez és az új életszínvonalhoz, s ennek eredményeként rögvest többre vágyunk.

Az „élvezni akarás" fogyatékosságának egyfajta összegzésére Báál HáSzulám írásában találhatunk rá (*A Tíz Szfira Tanulmánya*, 1. rész, Hisztaklut Pnimit, 21. bekezdés). „Ez a világ a jó mindmegannyi bősége utáni hiányérzettel és ürességgel lett megteremtve. S hogy bármit is megszerezhessünk, ahhoz mozgás szükségeltetik. Ám közismert dolog, hogy a mozgás szaporítása fájó az ember számára. Ugyanakkor a különféle szerzeményeknek és jónak hiányában maradni ugyancsak lehetetlen. Így az ember, csak hogy hiánytalanul megszerezhesse a különféle dolgokat, a mozgással járó tortúrát választja. Ám, minthogy valamennyi szerzeménye és tulajdona csak önnön maga miatt van, sőt mi több, ha valamiből száz van neki, kétszázat akar, így aztán nincs ember, aki úgy halna meg, hogy vágyainak felét a kezében tudhatná. Magyarán az ember két oldalról is szenved: mind a mozgás fájó tortúrájától, mind pedig a megszerzendő dolgok hiányzó felének a fájdalmától."

A mondottakból pedig az következik, hogy a természetünk, az élvezni akarás, egyértelműen lehetetlen helyzet elé állít bennünket. Amíg egyik oldalról a vágyaink folyton csak növekszenek; addig a másik oldalról, a rengeteg mozgással, azaz tettel és erőfeszítéssel járó beteljesülés mindössze egész rövid ideig érződik bennünk, mígnem teljesen elillan, és kétszeres ürességet hagy maga után.

Az élvezni akarás becsapása

A hosszú évek során az emberiség különféle módszereket dolgozott ki arra, hogy az élvezni akarás tényleges kielégítésével szembeni képtelenségét leküzdhesse. Ezek általában – az esetek többségében – két olyan központi elven alapulnak, amelyek gyakorlatilag hazug módon fordulnak az élvezni akaráshoz: 1. megelégedettséget ébresztő szokásokon, 2. és az élvezetek utáni vágy lecsökkentésén keresztül.

Az első alapelv szokások elsajátítása. Első lépésként belenevelik az emberbe már gyermekkorában, hogy egy adott cselekedet jutalommal jár. Miután végrehajtotta a betanult műveletet, a nevelő és a környezete elismerésben részesíti. Majd ezt követően, habár a jutalomosztást fokozatosan abbahagyják, a művelet – ami ekkorra már kiváltója a megelégedettségnek – belevésődik az illető személybe. Mihelyst az embert hozzászoktatták valamihez, már maga a véghezvitel kielégíti őt. Gondos odafigyeléssel végzi el a műveletet, és nagy megelégedésére szolgál, ha a tőle elvártakat a korábbiaknál jobban sikerül végrehajtania. Általában ezen elv kíséri a jövőbeni jutalom ígéreteit, sőt olykor még a halál utánit is.

A második alapelv az élvezetek utáni vágy lecsökkentése. Sokkal szomorúbb helyzetben van az, aki akar valamit, de nincs neki, mintsem az, aki egyszerűen nem akar semmit. Az első szenved, míg a másik „boldog a neki jutott résszel", és megelégszik azzal, amije van. Ez az alapelv különösképpen a keleti gondolkodásban jellemző. Nem egy olyan módszert dolgoztak ki, amelyek az élvezni akarás intenzitásának csökkentésére épülnek – testi és lelki gyakorlatok által –, és ennek eredményeként csökkentik a szenvedést.

Gyakorlatilag egészen addig, amíg csak az újabb és újabb élvezet utáni hajszával vagyunk elfoglalva, nem csinálunk mást, mint a jól megszokott sablonos életünket folytatjuk, és reméljük a legjobbakat. S habár a beteljesülés el nem érése rendszerint hiányérzetet és elégedetlenséget kelt bennünk, számtalan esetben már maga a beteljesülés utáni hajsza pótolni képes a tényleges beteljesülést. A keresés folyamán a vágyak és az előttünk álló célok megújhodásának köszönhetően aktívabbá válunk, ugyanis reméljük, hogy az elérésük – vagy legalábbis a hozzájuk elvezető út – révén elégedettebbek leszünk.

Úgy tűnik, egész mostanáig az elvártaknak megfelelően sikerült alkalmaznunk ezeket a módszereket, mígnem a élvezetek utáni vágy természetes megnövekedésével világossá vált, hogy ezek a megoldások egyre kevésbé és kevésbé relevánsak. Az ember egyre növekvő egoizmusa nem teszi lehetővé, hogy mesterséges megoldásoknak rendelje alá magát. S ez az élet minden területére igaz, az egyén szintjétől egészen az emberiség egészének életéig.

Egyik ilyen tipikus példa, ami jól érzékelteti az egónak ezt a megnövekedését: a családok szétesése. Általában a családon belüli viszonyok, különösen a férj és a feleség közötti kapcsolat esik legelőször áldozatul a növekvő egoizmusnak, hiszen rendszerint a házastársaink állnak hozzánk a legközelebb. A növekvő ego megnehezíti az egymáshoz és a családhoz való viszonyulásunkat.

A múltban a család intézménye védve volt a krízishelyzetekkel szemben, és az állandóság szigetét jelentette. Ha bajok voltak a világban – felvettük velük a harcot. Ha bajok adódtak a szomszédokkal – áttehettük a lakhelyünket egy másik helyre, a család azonban mindig is megmaradt biztos fészeknek. Még az olyan helyzetekben is, amikor az ember már nem ragaszkodott annyira a családjához, továbbra is őrizte a családi fészket a gyerekek vagy a már gondozásra szoruló idős szülők miatt. Mára azonban már olyannyira megnövekedett az ego, hogy semmire sem vagyunk tekintettel. A válások és az egyszülős családok számának növekedése, noha köztudott, hogy megnehezítik a gyermekek helyzetét, ugyancsak erről tanúskodnak.

Globális téren ugyancsak messzire nyúló következményei vannak az ego megnövekedésének, amely az emberiség történetében egy eddig páratlan helyzet elé állít bennünket. Egyik oldalról, a globalizáció felfedi előttünk, hogy mennyire egymáshoz vagyunk kötve – a gazdaság, a kultúra, a tudományok, az oktatás és egyéb más területeken; a másik oldalról, az egónk olyannyira megdagadt, hogy képtelenek vagyunk egymást elviselni.

Az igazat megvallva, mindig is ugyanazon egy rendszerhez tartoztunk, csakhogy ennek egészen mostanáig nem voltunk tudatában. Ezt a természet két egymással ellentétes irányba ható – azaz a valamennyiünket egybekötő, illetve az egymástól eltaszító, a mindenkit a maga külön helyére hajító – erő párhuzamos működésén át tárja fel előttünk. Így, amikor ezeknek az erőknek a működése ma már olyannyira szélsőséges formában nyilvánul meg, hogy az pillanatról pillanatra egyre csak fokozódik, megtapasztaljuk a köztünk levő kölcsönös függőséget, ugyanakkor ezzel egy időben e folyvást csak dagadó ego az ettől való irtózást idézi elő bennünk. Ha nem szűnik meg a türelmetlenség, az elidegenedés és a mások utálatának az érzése, el fogjuk egymást pusztítani.

Báál HáSzulám erre előre figyelmeztetett bennünket: az *Utolsó nemzedék* című könyvében (1. rész, 301. o.) közzétett, életének a vége felé írt kéziratban azt írja, hogy ha nem történik drasztikus változás az emberiség által vitt egoista útvezetésben, egy harmadik, majd negyedik világháború fog kitörni, amelyben atom- és hidrogénbombákat vetnek be, és a világ lakosságának java része elpusztul. Einstein ugyancsak hasonló szellemben beszélt („A liberális zsidóság" magazin, 1949. ápr.-máj., 12. o.): „Azt nem tudom, hogy a harmadik világháborút milyen fegyverekkel fogják megvívni, de a negyediket biztos, hogy botokkal és kövekkel!" Sajnálatos módon az általuk mondottak ma reálisabbnak tűnnek, mint bármikor.

Az emberiség az egész történelem folyamán hitte, hogy majd szebb idők jönnek rá, hogy majd megalkotja és továbbfejleszti a tudományt, a technológiát, a kultúrát és az oktatást, melyek majd sokkal jobbá és boldogabbá teszik az életünket. Az egyik ilyen hely, amely jól érzékelteti ezeket a dolgokat, a huszadik század nyolcvanas éveinek elején épített, a Disney-parkok egyikében, az Epcot közepén felállított „Földgömb-Űrhajó (Spaceship Earth)". A területre látogatókat különféle állomásokon vezetik keresztül, amelyek az emberiség fejlődését végigkísérve a történelmileg legjelentősebb mérföldköveket mutatják be.

Az utazás a barlangrajzok korában indul, majd onnan folytatja és veszi sorba az emberiség fejlődésének főbb állomásait, mint például a fa és papír használatának kezdetét, végül az űr meghódításával fejeződik be. Az attrakciót, amelyet a néhány évtizeddel ezelőtti felfogás szerint dolgoztak ki, az ember nagyságának dicsőítésére építették meg. Az emberiség egész történelmét egy szünet nélküli, boldogság felé tartó fejlődésként mutatják be: íme, holnap megérkezik! Ha nem holnap – akkor majd holnapután, s ha nem a gyermekeinknek – akkor majd az unokáinknak.

Ám azóta néhány év eltelt, és mára ennek az optimista felfogásnak vége. Ma már mindannyian rendelkezünk azokkal a dolgokkal, amelyekről száz évvel ezelőtt csak álmodozhatott az ember: lehetőségünkben áll szórakozni, kirándulni, pihenni, kedvünkre sportolni, és más ehhez hasonlók, ugyanakkor már nem hisszük, hogy a jövőnk jobb lesz valamikor. A rózsaszín kép egy közelgő viharfelhővé változott, amelynek előjeleként csak erőszak, öngyilkosság, terror, ökológiai válság, társadalmi, gazdasági és politikai bizonytalanság kísért bennünket.

Fordulóponthoz értünk. Kezdünk okosabbak lenni és kezdjük érteni, hogy boldogabb jövő már nem vár ránk. Nagy valószínűséggel a gyermekeink élete már kevésbé lesz jó, mint a mienk. A már minden területen érezhető válsághangulat, az egyénitől egészen a társadalmi szintűig, annak a felismerésnek a következménye, mely szerint semmi, ami az ember fejlődésének következménye, nem hozta el nekünk a boldogságot. Ebből erednek az olyan érzések, mint az értelemvesztettség és üresség. Ugyancsak ennek tudható be, hogy a depresszió és a kábítószer-függőség szintén a modern kor betegségeivé váltak. Ezek annak az erőtlenségnek a megnyilvánulásai, amelybe amiatt kerültünk, hogy képtelenek vagyunk megérteni, miként is teljesíthetnénk ki az élvezetek utáni vágyunkat, az egónkat, amely megnőtt, és már semmilyen ismert dologban nem talál kielégülést.

A fiatalság nagy részének az élethez való hozzáállása – amely nagyban különbözik a szüleik ugyanezen korban mutatott hozzáállásától – egyike azon jelenségeknek, amelyek jól érzékeltetik a jövőre irányuló reményvesztettséget. Előttük áll az egész világ, számtalan alkalom a sikerre és az önmegvalósításra, ám mégis, egyre több és több fiatal veszíti el az érdeklődését, és nincsenek érdekelve abban, hogy megvalósítsák a bennük rejlő ígéretes lehetőségeket. Úgy tűnik, már előre tudják, hogy végeredményben nincs értelme. Az őket körülvevő felnőttek képe, akik rengeteget fáradoztak, ennek ellenére mégsem boldogok, ugyancsak a kedvüket szegi. Nehéz ezt a szülőknek megérteni. Képtelenek felfogni, hogy vajon miért így állnak a dolgok; mert hisz ők maguk annyira másmilyenek voltak ugyanebben a korban. Csakhogy a dolog abból ered, hogy minden egyes nemzedék magában hordozza az őt megelőző nemzedékekben összegyűlt tapasztalatot és kiábrándultságot.

Innentől semmilyen ismert megoldás nem tud a segítségünkre lenni és javítani a helyzetünkön. Csak ha majd megismerjük a minden élő test és általánosságban a természet egészének működését szabályozó természeti alapokat, nos, csak akkor tudjuk majd megérteni, hol is hibázunk, és milyen módszer volna tökéletes az élvezet utáni vágyunk,

az egoizmusunk kielégítésére, olyan módon, hogy az tarta-
lommal, biztonsággal és békességgel teli életet hozzon el az
emberiségnek.

3. Altruizmus – Az élet alapelve

A természetben végzett kutatások feltárják előttünk az altruizmus jelenségét. Az „altruizmus" szó a latin „alter", magyarul „másik" jelentésű szóból ered. A kifejezés egy tizenkilencedik századi francia filozófus, Auguste Comte által került a szóhasználatba, aki az altruizmust az egoizmus ellentéteként definiálta. Egyéb gyakori meghatározásai az altruizmusnak: a másik javáért való ténykedés, felebaráti szeretet, a szokásosnál nagyobb önfeláldozás, önkéntesség, a másikért való önzetlen aggódás.

Az altruizmus, gyakorlatilag ugyanúgy, mint az egoizmus, egy olyan kifejezés, amely az emberen kívül semmilyen más teremtményhez nem köthető, mivelhogy az olyan fogalmak, mint szándék és szabad akarat, egyedül csak az emberi nemet jellemzik. A többi teremtménynek nincs választási lehetősége, mert minden adás és kapás, anyagfelvétel és anyagkibocsátás, akárcsak a ragadozó vagy önfeláldozó magatartás, teljességgel a génjeikben és az ösztöneikben gyökereznek.

Mindazonáltal, annak érdekében, hogy könnyebben megérthessük a természetben fellelhető életet irányító és vezérlő törvényszerűségek sokaságát, e fogalmakat az állatokra vonatkoztatva is használjuk majd. S mindezt nem másért, csak hogy ezzel következtetéseket vonhassunk le a magunk számára.

A természet első látásra egy egoista arénának tűnik, amelyben az egyedek örökös versengésben és küzdelemben élnek egymással, ahol az erősebbik marad életben. Innen született a kutatóknak az az igénye, hogy olyan különféle teóriákat dolgozzanak ki, amelyek magyarázatot adhatnak arra, hogy vajon milyen közvetlen, illetve közvetett motivációk késztetik az embert az altruista cselekvésre.

A mélyebb és átfogó vizsgálatok sokasága azt mutatja, hogy az összes versengés és küzdelem, ami csak történik, mind éppen hogy a természet nagyobb egyensúlyát, a kölcsönös létfennmaradás elősegítését, a még nagyobb egészséget és a természet egészének eredményesebb fejlődését hivatott szolgálni. A természetben uralkodó egyensúlyt jól példázza a kilencvenes évek elején történt eset, amikor is Észak-Korea kormánya a zavarónak tekintett utcai macskák kiirtásáról döntött. Néhány héttel a macskák jelentős részének eltűnése után megemelkedett az egerek, patkányok és kígyók száma, méghozzá olyannyira, hogy a szomszédos országokból kellett macskákat hozni a helyzet rendezésére.

Egy másik tipikus példával a farkasok szolgálnak. A farkasokhoz rendszerint mint valamely kárt okozó, kegyetlen állatokhoz szoktunk viszonyulni. Amikor azonban a farkasok kezdtek kipusztulni, akkor mutatkozott meg, hogy milyen nagy mértékben hozzájárulnak az őzek, a vaddisznók és a különböző rágcsálófajok populációjának egyensúlyban tartásához. Kiderült, hogy – szemben az emberrel, aki a legegészségesebb egyedeket szokta elejteni – a farkasok éppenséggel a beteg és gyenge állatokat vadásszák. S ezáltal a ragadozók hozzájárulnak a területen élő más állatfajok egészségéhez.

Egyszóval, minél jobban fejlődik a tudományos kutatás, annál jobban világossá válik, hogy a természet elemei egy komplett rendszer elemeiként kapcsolódnak egymásba.

Ám ha a természetről a saját érzelmi világunkból kiindulva ítélkezünk, úgy meggyőződésünkké válhat, hogy a természetben kegyetlenséget találunk. Azonban az, hogy az egyik egyed zsákmányul ejti a másikat, gyakorlatilag nem jelent mást, mintsem hogy biztosítja ezzel a természet komplex rendszerében uralkodó harmónia és egészség folytonosságát. Ez a testünkben sem történik másképp. Minden egyes pillanatban milliárdnyi sejt pusztul el, és mellette milliárdnyi új sejt születik, ezzel biztosítván az élet folytatását.

Az élő test sejtjei közti harmónia

Minden többsejtű élő testben tetten érhető egy érdekes jelenség: ha bármely sejtet külön, kiemelve a többi sejtből, önmagában különálló egységként vizsgálunk, akkor azt látjuk, hogy az „egoistaként", egy pusztán csak önmagára gondoló sejtként működik. Ha azonban mint a rendszer egyik elemére, mint a test egyik sejtjére tekintünk, akkor láthatjuk, hogy a maga számára csak a létfennmaradásához alapvetően szükséges minimális mennyiséget veszi el, minden más tevékenységét a test felé irányítja. Altruista módjára viselkedik. Csak a test egészének javára gondol, és annak megfelelően működik.

A test valamennyi sejtje között teljes harmónia kell hogy fennálljon. A test minden sejtjének sejtmagvában azonos genetikai információ rejlik, és valamennyi sejt tudatában kell hogy legyen a test egészével. Tudnia kell, mire van szüksége, és mit kell érte tenni. Ha ez nem így volna, a test nem tudna létezni. A test sejtjének léte a test egészének „figyelembevételéhez" kötött. A test összes tevékenysége – a sejtosztódás kezdete és vége, a specializálódás, mozgás egy meghatározott pont irányába – egytől egyig a test szükségleteinek megfelelően megy végbe.

AZ EGYMÁSBA KAPCSOLÓDÁS
EGY ÚJ SZINTEN FOLYÓ ÉLETET TEREMT

Habár a test minden egyes sejtjében pontosan ugyanaz a genetikai információ található, mégis minden sejt – a testben elfoglalt helyének és szerepének megfelelően – más-más részt aktivál az általános genetikai információból.

Az embrionális fejlődés első szakaszaiban az összes sejt azonos, az idő előrébb haladtával azonban differenciálódási folyamaton mennek keresztül, amelynek során minden egyes sejt egy adott sejttípus tulajdonságait veszi magára. Minden sejtnek megvan a maga „esze", a köztük levő önzetlen kapcsolat azonban már egy új teremtmény, egy teljes test megalkotását teszi lehetővé. A „test elméje" egy magasabb szinthez tartozik; amely nem egyik vagy másik sejtben található, hanem a köztük levő kapcsolatban.

AZ EGOISTA SEJT RÁKOS SEJT

A testben levő egészséges sejtek számtalan szabályszerűséghez és korlátozáshoz igazodva működnek. Ezzel szemben a rákos sejtek egyáltalán nem veszik figyelembe ezeket a korlátozásokat.

A rák egy olyan állapotot jelent, amikor a testet kontrollálatlanul önszaporodási folyamatba kezdett sejtek kezdik pusztítani. A rákos sejt a sokszorozódási folyamata során megállás nélkül osztódik. Nincs figyelemmel a környezetére, és nem reagál a test utasításaira. A rákos sejtek elpusztítják a környezetüket, és ilyen módon teret nyernek maguknak a növekedéshez. A hozzájuk közel álló vérereket arra ösztönzik, hogy a rákos daganat mélyéig csírázzanak el, ezáltal ilyen módon táplálják őt, és így az egész testet a saját céljuknak rendeljék alá.

A rákos sejtek egoista működésükkel a test halálát okozzák. Ilyenformán működnek még akkor is, ha az semmiféle előnnyel nem jár a számukra, sőt, ennek épp a fordítottja az igaz – merthogy a test halála egyet jelent „gyilkosa" halálával. Minden ármány, amihez a rákos sejtek a test leigázása során folyamodnak, végül egyes-egyedül az önpusztításhoz vezeti őket.

S így az egoizmus kibontakozásával az egész testet a halálba viszik, beleértve önmagukat is. Az egoista viselkedés és a test egészének „nem figyelembevétele" egyenesen a pusztuláshoz vezet.

AZ EGYÉN ÉLETE
A KÖZÖSSÉGÉVEL SZEMBEÁLLÍTVA

Szükség esetén a testben levő sejt „lemond" élete folytatásáról a test életének javára. Amikor genetikai hibák állnak be egy adott sejtben, amelyek azt rákossá tehetik, a sejt egy olyan mechanizmust aktivál, amely az életének a leálltát okozza. Maga a gyanú, hogy rákos sejtté válik, mely a test egésze számára veszélyt jelent, váltja ki, hogy lemondjon a maga életéről a test egészének érdekében.

Az altruista működés egy másik, hasonló kifejeződését, bár más körülmények között, a sejtes nyálkagombáknál (Dictyostelium mucoroides) láthatjuk.

Ideális életkörülmények között ez a gomba különálló sejtek formájában él, amelyek biztosítják maguk számára a táplálékot, és önálló módon szaporodnak.

Amikor azonban táplálékhiány áll be, a sejtek eggyé szerveződnek és többsejtű testet alkotnak. A test felépítése folyamán a sejtek egy része, hogy elősegítse a test egészének fennmaradását, lemond a további létezéséről.

A MÁSIK SEGÍTÉSE

A természetben előforduló altruizmusra a majmok életét kutató Frans de Waal hoz további számos példát a *Good Natured* (Jó természetűek) című könyvében. Az egyik kísérletben két majom vett részt, amelyeket egy átlátszó válaszfallal választottak el úgy, hogy közben látták egymást. Az ételt különböző időpontokban adták nekik, és a majmok megpróbáltak a válaszfalon keresztül átadni egymásnak az eledelből.

A megfigyelések azt mutatták, hogy a majmok ébersége és a társuk iránti aggódás szintje akkor hajlamos megemelkedni, amikor valamelyikük megsérül vagy korlátozottá válik. Egy mozgásában korlátozott nősténymajomnak – a többi majom segítségnyújtásának köszönhetően – két évtizeden keresztül sikerült életben maradnia és felnevelnie öt utódot, a kemény éghajlati körülmények dacára. Egy másik, szellemileg és mozgásában korlátolt nősténymajomnak a nővére támogatásának köszönhetően sikerült életben maradnia. A nővér hosszú időn át a hátán cipelte és védelmezte a testvérét.

Egy látását vesztett nősténymajom a hímmajmok különleges védelmében részesült. Egy pávián, akinek testvére epilepsziás rohamot kapott, mellé állt, a mellkasára tette a kezét, és agresszív módon útját állta, hogy a gondozók bátyja közelébe menjenek.

Más állatfajok is így viselkednek. A delfinek segítenek sérült társaiknak, miközben gondosan ügyelnek arra, hogy a vízfelszín közelében maradjanak, hogy így óvhassák meg őket az elsüllyedéstől. Megfigyelések alapján a kutatók arról számoltak be, hogy azok az elefántok, amelyeknek megöregedett társa a homokban haldoklott, minden erejükkel megpróbálták az ormányukkal és az agyarukkal felemelni őt a teste alá nyúlva – néhányuknak még az agyara is letört az erőlködés közben. Egy nőstényelefántot pedig – akit egy vadász golyója a tüdején sebesített meg – a társai úgy védelmeztek, hogy aláhajoltak, csak hogy megakadályozzák a földre zuhanását.

Közösségi társadalom az állatok között

Az élővilág nem egy elbűvölő példával szolgál a közösségi társadalom megtartására, vagyis amikor minden egyes tag a társadalom egészének javáért működik, mint például a hangyák, emlősök, madarak és egyéb más állatfajok esetében.

Egy biológus házaspár, Amotz és Avishag Zahavi a Közép-Kelet sivatagos vidékén gyakori, kommunában élő arab rigótimália nevű énekesmadarak közösségi életét vizsgálta. Megfigyeléseik során számos altruista jelenséget írtak le.

Az arab rigótimália csoportokban él. Közös együttműködésben védelmezik a saját territóriumukat, és együtt gondozzák a rajta épült egyetlen fészket. Amikor mindannyian esznek, egyikük – éhsége ellenére – mindig vigyáz a csoportra. Amikor egy arab rigótimália élelmet talál, még mielőtt maga lakna vele jól, a saját társait kínálja vele. Megetetik a más csoportok fiókáit is, és gondoskodnak minden szükségletükről. Amikor valamely ragadozó közelít, ők hangos jeladásba kezdenek, hogy ezzel figyelmeztessék a társaikat, még ha ezzel fel is fedik magukat. Akár még veszélyeztetni is képesek magukat, csak hogy ezzel menthessék a ragadozó karmai közé esett társukat.

Kölcsönös függőség

A tudományos kutatások ez idáig számtalan példáját tárták fel a kölcsönös függőségnek. Itt csak egyetlenegy példáját említenénk az ilyen viszonyrendszernek, amely ez esetben egy növényi és egy állati egyed közt áll fenn.

A jukka növény az ugyancsak jukka nevű pillangóval él szimbiózisban. A nőnemű pillangó segít a virágok megtermékenyítésében: az egyik virág porzójáról átviszi a virágport, és azt nagy odafigyeléssel egy másik virág bibeszálához tapasztja. Majd ezt a műveletet követően, azon a helyen, ahol a jövőben a virág magjainak kell kifejlődniük, tojásokat rak. S amikor a lárvák kikelnek, azok a jukka virág fejlődő rügyeivel táplálkoznak. Mindezt úgy, hogy közben elég bimbót hagynak hátra ahhoz, hogy a jövőbeni virág fennmaradhasson. Ezen viszonyrendszernek köszönhetően biztosított a pillangó és a növény együttes fennmaradása.

SZEGÉNYSÉG ÉS NÉLKÜLÖZÉS NÉLKÜL

Az ember által érintetlen környezetben az állatok a kommuna érdeke szerint léteznek, nem pedig úgy, ahogy azt gondolni szokás, azaz hogy „az erősebb marad életben" – magyarázza az amerikai Bergstom professzor a „Szociális viselkedés evolúciója" című tudományos cikkében. Az ilyen közösségekben az állatok viszonya kiegyensúlyozott, és a populációsűrűség mindig a megélhetési feltételeknek megfelelően alakul. Soha nem szenved a populáció ilyen vagy olyan része szegénységtől vagy nélkülözéstől, hacsak nem történt valamiféle „baleset", amit azonban a közösség a lehető leggyorsabban helyrehoz. A társadalom egésze olyan formában létezik, amely minden egyes egyednek biztosítja a túléléshez illetve a környezeti erőforrások optimális kihasználásához szükséges legmegfelelőbb életkörülményeket.

A TERMÉSZETBEN MINDEN AZ EGYSÉG IRÁNYÁBA MOZOG

A természet evolúciója azt bizonyítja, hogy a világ apró globális faluvá való átalakulása nem véletlenszerű, hanem természetes fázisa a civilizáció általános harmónia irányába tartó fejlődésének. A folyamat végén egy olyan egyensúlyi rendszer jön létre, amelynek elemei a kölcsönösség és az együttműködés jegyében egymással összeköttetésben élnek majd – ekképp vélekedett a Világ Bölcsei Tanácsának tagja, dr. Elisabet Sahtouris.

A 2005 novemberében, Tokióban megrendezett kongresszuson, a Tanács valamennyi résztvevője előtt tartott előadásában Sahtouris azt magyarázta, hogy az evolúcióban minden egyes folyamat magában foglal individualizációs, konfliktus- és versenyfázisokat, és az egyes elemek előbb vagy utóbb egyetlen harmonikus rendszerré állnak össze.

Ezt – véleménye szerint – az élet Föld színén végbement fejlődésének folyamata bizonyítja. Több milliárd évvel ezelőtt baktériumok népesítették be a Földet. A baktériumok elszaporodtak, és verseny indult meg a természeti erőforrásokért, vagyis az élelemért és életterületért. A versengés nyomán egy újfajta lét jött létre, amely immáron jobban a környezethez illeszkedett – egy baktériumközösség, amely tulajdonképp egy egyetlen testként funkcionáló baktériumok közösségét jelenti. Pontosan ugyanezen fázisok mentén fejlődtek az egysejtűek többsejtű élőlényekké, mígnem összetett szerkezetű, élő testtel bíró növényekké, állatokká és emberekké alakultak. Önmagában véve minden egyednek megvan a maga, személyes érdeke.

Az evolúció valódi lényegét abban találjuk, ahogy önös érdekű egyedek egy testté kapcsolódnak, majd egyetlen közös érdekért működnek. Ma ezt az emberiség által végigjárt folyamatot Sahtouris egy olyan egységes családdá, közösséggé válás szükségszerű szakaszának látja, amely csak akkor fogja mindannyiunk érdekeit kielégíteni, ha mint egészséges elemek látjuk el benne a feladatunkat.

A természet törvényszerűségeinek mélyreható vizsgálata tehát azt mutatja, hogy az élet fennmaradásának alapját az altruizmus képezi. Minden egyes élő test és rendszer csapatban működő sejtek vagy elemek komplexusából áll össze, kölcsönös adományozás és segítségnyújtás által egészítik ki egymást, mondanak le a másik javára és élnek az „egy mindenkiért" altruista elv szerint. Minél tovább kutatjuk a természetet, annál több és több példát találunk arra, hogy minden egyes eleme kölcsönösen kapcsolatban van a másikkal, illetve hogy a természetben uralkodó egyetemes törvény nem más, mint **az egoista részek közt létrejövő altruista kapcsolat**, vagy csak röviden, **„az altruizmus törvényszerűsége"**.

A természet ereje olyan módon alakította az életet, hogy minden sejt altruista kell hogy legyen a többi sejt irányába ahhoz, hogy élő testet építhessenek. Egy olyan törvényszerűséget alkotott, amelyben a sejteket és az egyes szerveket egyetlen élő testként összetartó ragasztóanyagnak a köztük fennálló altruista viszonyt tette meg. Ebből következőleg az altruista erő, a szeretet és az adás ereje az, amely létrehozza és fenntartja a természetben az életet. Célja, hogy az altruista törvény betartásán, a részek közti harmonikus és kiegyensúlyozott léten nyugvó életet alkosson.

4. Az egyensúly felborítása

„Ember, ne keresd, hogy ki hozza a rosszat a világra! Te vagy az egyedül."

(Jean-Jacques Rousseau)

„Az ember az egyedüli állat, amely elpirul… és ő az egyetlen, aki el kell hogy piruljon."

(Mark Twain)

„Mert az ember a legkegyetlenebb lény a föld színén."

(Friedrich Nietzsche)

Az emberi egót leszámítva a természet valamennyi eleme az altruizmus törvényét követve működik. Egyensúlyban vannak a környezetükkel, és együttesen harmonikus rendszert alkotnak. Amikor az egyensúly megbomlik, az organizmus elkezd pusztulni. Magyarán az egyensúly helyreállításának képessége feltétel az élet fenntartásának folytatásához. Gyakorlatilag a test teljes védekező ereje az egyensúly megőrzésére irányul. Amikor mi erős vagy gyenge testről beszélünk, az egyensúly megőrzésének képességére utalunk.

Az egyensúly megőrzése minden egyes egyedet arra kényszerít, hogy a rendszer egésze felé – amelynek ő maga is része – altruista módon viselkedjék, merthogy ez jelenti az egyetemes harmóniának és a természet teljességének alapját. Ha egy egyed nem engedelmeskedik az élet elvének, az altruizmus elvének, azzal megbontja az egyensúlyt. Ez a két kifejezés – altruizmus és egyensúly, ok és okozat – szorosan összefonódik.

Az emberen kívül minden teremtménybe mintegy „egyensúlyi programként" lett telepítve, hogy állandó jelleggel az egyensúly megőrzéséhez szükséges műveletek kivitelezésén munkálkodjon. Mindig tudják, hogy miként viselkedjenek, s ezért soha nem is kerülnek olyan bizonytalan és átláthatatlan helyzetbe, hogy ne tudnák, mit kell magukkal és a környezetükkel tenniük. Nem szabadon cselekszenek, a vágyuknak megfelelően, ennélfogva biztos, hogy nem tudják felborítani az egyensúlyt a természetben. Csak belénk, emberekbe nem vésődött be ilyen egyensúlyi program.

A természet nem lát el bennünket a születésünkkor elegendő tudással és ösztönnel ahhoz, hogy egyensúlyban éljünk. Ennek eredményeként nem tudjuk biztosan, milyen módon élhetünk egyensúlyban az emberi társadalomban, a bennünket körülvevő emberekkel.

Az egyensúlyi program hiánya miatt haladt a fejlődésünk egoista irányba, s ez nemzedékről nemzedékre csak fokozódik. A dolog leginkább a társadalmi szinten ismert: az a mód, ahogy az ember megpróbálja saját vágyait kielégíteni, figyelmen kívül helyezi a többieket.

Nem vágyunk arra, hogy – mint ahogy az a természetben szokás – altruista módon kapcsolódjunk a másikhoz. Sőt mi több, azt sem tudjuk, hogy kifejezetten ebben rejlik a tökéletes élvezet, amely után olyannyira áhítozunk. Merthogy az egyensúlyi helyzet a tökéletes, a legboldogabb állapot, amikor minden harmonikusan történik, és nincs szükség semmiféle ellenlépésre vagy bárminemű védőfal felépítésére.

Ha mélyen saját magunkba tekintünk, megbizonyosodhatunk róla, hogy egytől egyig valamennyien kizárólag a saját magunk boldogulására gondolunk, és minden kapcsolatunk a másikkal csak a saját helyzetünk jobbítása felé irányul. Hogy egy kicsit javíthassunk az életünkön, készek lennénk akár abba is beleegyezni, hogy akire nincs szükségünk, egész egyszerűen tűnjön el.

A természetben semmilyen más teremtmény nem viszonyul rajtunk kívül az őt körülvevőkhöz azzal a szándékkal, hogy kárt okozzon nekik, kiaknázza és kihasználja őket. Egyetlen más élőlény sem tud elégedettséget érezni attól, hogy elnyomja társait vagy szenvedni látja őket. Csak az ember tud élvezetet találni a másik ember fájdalmában. Egy jól ismert közmondás szerint sokkal biztonságosabb egy jóllakott oroszlán mellett elmenni, mintsem egy jóllakott ember mellett...

A nemzedékről nemzedékre tovább növekvő egoista vágyódás, azaz hogy a másik kárára szerezzünk magunknak kielégülést, ellentétes a természet erejének alapvető szándékával – minden egyednek optimális életet és létfeltételeket biztosítani. Napjaink realitása bizonyítja, hogy gyakorlatilag az emberi egoizmus az egyedüli pusztító erő a világban, az egyedüli olyan erő, amely felborítja a természet egyetemes rendszerének egyensúlyát.

Mindannyian azon vagyunk, hogy az összes teremtményt a magunk személyes javára használjuk fel, minden rendelkezésre álló eszközzel, tekintet nélkül arra, hogy a másik kárára építve akarunk boldogulni. S ez alól semmiféle magyarázat nem ment fel – amit minden ember kitalál önmaga igazolására –, ahogy azt Báál HáSzulám „Béke a világban" című tanulmányában vallja, és hozzáteszi:

„Az ember úgy érzi, hogy a világ összes teremtényének az ő kormányzása alatt kell állnia, az ő személyes hasznára. Ez örök szabály, az egyedüli különbség csak az, melyi-

ket választja az ember. Merthogy egyikük saját kis élvezete-
it akarja kielégíteni, a másik célja a hatalom, míg a harma-
diké a tekintély megszerzése, akár mások kihasználása által.
Sőt mi több, ha a dolog nem kerülne nagyobb erőfeszítésbe,
kész volna minden téren kihasználni a világot: mind pénz,
mind hatalom, mind pedig tekintélyszerzés terén – hacsak
nem volna rákényszerülve, hogy a lehetőségei és képességei
szerint válasszon."

Báál HáSzulám azt magyarázza, hogy valójában nem
véletlenszerű és nem elítélendő, hogy egoizmusunk foly-
vást csak növekszik. Ez a folyamat azt hivatott világos-
sá tenni a számunkra, mi is az pontosan, amiben eltérünk
a valóság egyetemes törvényétől, az altruizmus törvényé-
től, mert ez minden létező problémánk gyökere. További
cél, hogy rávegyen bennünket mindezek megváltoztatá-
sára. Egoizmusunk növekedésével felismerhetjük az ellenté-
teket a minduntalan a másik rovására kapni akaró egónk
és a természet egyetemes ereje közt, mely utóbbit az önzet-
lenség, az altruizmus, a szeretet és az ajándékozás vonása
jellemez.

A továbbiakban ezt a köztünk és a természet ereje közt
fennálló ellentétet röviden „természetteli egyensúlytalanság-
nak" vagy „egyensúlyhiánynak", az altruista vonást pedig
„a természetteli egyensúlynak" nevezzük majd.

MI OKOZ SZÁMUNKRA ÉLVEZETET?

Ahogy azt már említettük, az emberi vágyak testi-létszük-
ségleti, illetve humán-társadalmi vágyakra osztódnak. Fó-
kuszáljunk most a humán-társadalmi vágyakra, hogy meg-
érthessük, mi is okoz egyensúlytalanságot a köztünk és
a mások közti viszonyrendszerben.

A humán-társadalmi vágyak három fő kategóriára oszthatók: gazdagság, hatalom és tekintély, illetve tudás utáni vágyra. Ezek a kategóriák szimbolizálják az összes olyan nem-testi vágyat, amelyek felébredhetnek bennünk. A „humán-társadalmi vágyak" elnevezés két okra vezethető vissza: egyrészt e vágyakat az ember a társadalmon keresztül szívja magába. Ha az ember egyedül élne, nem vágyna utánuk. Másrészt e vágyak egyes-egyedül csak a társadalom keretein belül valósulhatnak meg.

Hogy pontosabban szóljunk: ami a létfennmaradáshoz szükséges, azt testi vágynak nevezzük, ami pedig ezen túlmegy, azt humán-társadalmi vágynak. Minden olyan vágyat, ami a létszükségleteket meghaladóan ébred fel bennünk, képesek vagyunk felülvizsgálni – és az igazat megvallva, ezért is fejlődnek ki bennünk az ilyen vágyak.

Más-más, eltérő összetételben, mindegyikünkben léteznek humán-társadalmi vágyak, ám azok összetételi aránya az életünk során is változáson megy keresztül. Az egyikben a pénz (gazdagság), a másikban a tekintély, a harmadikban pedig a tudás utáni vágy a nagyobb.

A pénz az ember azon vágyát jelképezi, hogy mindent a maga tulajdonává tegyen. E vágy arra irányul, hogy az egész világot megvehesse és a magáévá tegye.

A tekintély már egy magasabb szinten áll. Az ember már nem akar kisgyerek módjára mindent a magáévá tenni, mivel érti, hogy létezik rajta kívül egy hatalmas világ, és ő kész egy egész életen át csak azért dolgozni, hogy tiszteljék. Még akár fizetni is kész ezért. A pénz utáni vágy egy primitívebb forma; vágy arra, hogy mindent elragadjunk és magunkhoz emeljünk. Ezzel szemben a tekintély utáni vágynak nem érdeke, hogy kiiktassa a másikat; sőt éppen abban érdekelt, hogy egy olyan személyiséget vagy autoritást építsen ki, akit a többiek tisztelnek és akit feljebbvalójukként ismernek el. Ilyenképp a „tekintély" az embernek azt a vágyát szimbolizálja, hogy az egész világ megszerzésére tör, de nem úgy, hogy az a sajátja legyen, hanem épp ellenkezőleg – hogy az rajta kívül maradjon és tisztelje őt.

A tudás utáni vágy egy még ennél is nagyobb kontrollt jelöl. Vágy, amely bölcsességszerzésre, a világegyetem megannyi részletének ismeretére hajt, megérteni, hogy miként forog a világ, és miként tudja a természetet és a teremtményeket a saját érdekei szerint manipulálni. A „tudás" az ésszel való mindenek feletti kontroll és irányítás vágyát képviseli.

Minden létszükségleten túli vágy a társadalomtól érkezik hozzánk, és ugyanígy, az abban való sikerességet vagy sikertelenséget ugyancsak egyedül a társadalom viszonyában tudjuk értékelni. A Daniel Kahneman professzor vezetésével készült, már említésre került boldogságfelmérés feltárta: amikor az embereket felkérik, hogy számszerűsítsék, milyen mértékben érzik magukat boldognak, az értékelésük többnyire társadalmi sztenderdeken alapszik. Továbbá kiderült, hogy a boldogság nem is annyira azon múlik, mi van a kezünkben, hanem sokkal inkább azon, hogy milyennek tűnik a helyzetünk a bennünket körülvevőkkel összehasonlítva. Ez az oka egyben annak is, hogy a boldogságszint nem emelkedik meg azzal, ha gazdagabbak leszünk, mivelhogy minden alkalommal, ahogy haladunk előre, egyre gazdagabb rétegekhez viszonyítjuk magunkat.

Gyakorlatilag az egyes-egyedüli módja, hogy megállapíthassuk a boldogságunk vagy a szenvedésünk szintjét, a másokkal való összeméretkezés. Ha másoknak kevesebb van, nekünk pedig több. Ha másoknak több van, nekünk viszont kevesebb. Ha valakinek sikere van, irigység ébred bennünk. A szívünk mélyén, de néha még nyíltan is, anélkül, hogy uralkodni tudnánk rajta, természetes, automatikus reakció születik – azt kívánjuk, hogy bukjon el. Amikor a másik elbukik, elégedettek vagyunk, mert a viszonylagos helyzetünk azonnal jobbá lesz. „A mások szenvedése félboldogság a számunkra" mondás jól példázza ezt a hozzáállást.

Ebből következően az emberi élvezetek, magyarán azok az élvezetek, amelyek már túl vannak a testi létfennmaradáshoz szükséges élvezeteken, a másik embertárshoz való viszonyunkon múlnak, vagyis azon, hogyan vélekedünk a köztünk és a mások közti viszonyrendszerről. Nem a már elért dolgok jelentenek számunkra jó érzést, hanem a felsőbbrendűség, a társadalmi elismerés (s ezért az önelismerés ugyancsak) és a hatalom ereje.

Az ilyen egoista hozzáállás a másik emberrel való viszonyunkban egyensúlytalanságot, diszharmóniát teremt köztünk és a természet általános törvénye, az altruizmus törvénye között. A mások fölé emelkedés, a másik kárára való élvezetszerzés és a különbözni akarás egoista vágya ellentétesek a természet óhajával – ami nem más, mint egybekötni és eggyé csatolni a természet összes elemét a kölcsönösen táplált altruista viszony által. Ebből eredően ez a szembenállás, ez az ellentétesség a gyökere minden szenvedésünknek.

A természetben más törvények uralkodnak. Még ha nem is ismerjük őket, azok ettől függetlenül hatással vannak ránk, lévén hogy a természet törvényei örök érvényűek. S ha valaki ellene megy ezeknek a törvényeknek, az „visszahat rá", ami aztán a törvény újbóli betartására kényszeríti.

A természeti törvények nagy része a számunkra is jól ismert élettelen anyagok, növények és állatok szintjén, illetve az emberi organizmusban fejtik ki a hatásukat. Ezzel szemben, az emberek szintjén, az emberek közti viszony terén nem akarjuk mindezt észrevenni, és tévesen gondoljuk, hogy nem léteznek törvények. Ez a téves gondolkodás abból ered, hogy egészen addig, amíg mi magunk is eleme vagyunk egy adott szintnek, képtelenek vagyunk az ott uralkodó törvényszerűséget megérteni. Ez csak egy magasabb szintről lehetséges. Ezért is vagyunk képtelenek felfedezni az összefüggést a másik felé mutatott egoista viselkedésünk és az életünk negatív jelenségei között.

AZ EGO HELYES ÉS INTELLIGENS HASZNÁLATA

Noha az egyensúly felbomlását az ego okozza, ez azonban nem jelenti azt, hogy ki kellene iktatni és el kellene törölni. Pusztán annyit jelent, hogy korrigálni kell a használatának a **módját**. A történelem folyamán mindig próbált az emberiség egyenlőséget, szeretetet és társadalmi igazságosságot teremteni ilyen vagy olyan formában, eltörölve avagy megpróbálva azt mesterséges úton visszaszorítani és lecsökkenteni. Forradalmak és társadalmi változások követték egymást, azonban egységesen mindegyik elbukott. Méghozzá azon oknál fogva, hogy egyensúly csak az adás és kapás helyes kombinációja által érhető el.

Az előző fejezetben már láthattuk, hogy minden élő testben az egoista elemek közti altruista összeköttetés képezi az egyetemes és általános törvényszerűséget. E két egymással ellentétes bázis-erő, egoizmus és altruizmus – kapni és adni – minden anyagban, jelenségben, folyamatban és élőlényben jelen van.

Mind materiális, mind érzelmi szinten, és egyáltalán minden más szinten mindig két erő található, nem pedig egy. Kiegészítik és ellensúlyozzák egymást, és különféle módon manifesztálódnak: mint az elektron és proton, taszítás és vonzás, negatív és pozitív, savas és lúgos, gyűlölet és szeretet. A természetben minden elem kölcsönös viszonyt tart fenn az őt magát is magába foglaló rendszerrel. Ezekben a kapcsolatokban a kapás és adás harmonikusan fonódnak egymásba.

A természet a teljesség és a határtalan boldogság mezsgyéjére akar bennünket vezetni. Ezért lett belénk plántálva az ego – az élvezni akarás –, hogy élvezethez juthassunk. Ebből következően tehát szükségtelen kiiktatnunk az egót. Az egyedüli, amit tennünk kell, pusztán korrigálni, kijavítani azt, pontosabban szólva – korrigálni a bennünk levő élvezni akarás használatának módját, az egoista hozzáállásunkat altruista attitűddé változtatni. A helyes fejlődés során a bennünk levő élvezni akarás teljes erejével jelen van, azonban annak korrigált formájában. Sőt mi több, minekutána az ego a természetünk, lehetetlen vele szembeszállni vagy hosszú időn át kordában tartani, mivelhogy az a természettel ellentétes cselekedet volna. Még ha meg is próbáljuk, rá fogunk jönni, hogy képtelenek vagyunk rá.

Habár a jelen helyzetünk nem arról tanúskodik, hogy a természet csakugyan azt szeretné, hogy élvezetben részesüljünk, ez amiatt van, merthogy a természet összes többi más szintjétől eltérően, a bennünk levő ego még nem ért a fejlődésének végére, még mindig nem vált „éretté". Báál HáSzulám ezt a következőképpen magyarázza „A vallás mibenléte és célja" című tanulmányában: „A természet valamennyi szemünk elé táruló rendszeréből világos a számunkra, hogy a négy kategória bármely apró teremtménye esetében – legyen az élettelen anyag, növény, állat vagy ember – akár a kategóriák egészét, akár annak elemeit különkülön tekintve, célirányos gondviselést találunk, azazhogy „ok-okozati" fejlődést követő lassú és lépcsőzetes növekedést, akárcsak a fán található gyümölcsnél, amelyről valamely nemes cél érdekében gondoskodnak, vagyis hogy kívánatos és édes gyümölcs válhassék belőle.

Menj, és kérdezz csak meg egy botanikust, hány állomáson megy keresztül egy gyümölcs onnantól, hogy láthatóvá válik a számunkra, odáig, hogy eléri a kívánt formáját és teljesen éretté lesz. Sőt, nem elég, hogy az összes korábbi állomás semmiféle jelét nem adja annak, hogy a végén itt valamiféle édes és szép gyümölcs fog születni, hanem boszszantásul éppen hogy az ellenkezőjét mutatják a végső, megkívánt formának. Azazhogy minél édesebb egy gyümölcs a végén, annál inkább keserű és utálatos a fejlődés korábbi szakaszaiban."

Gyakorlatilag egész addig, amíg egy teremtmény nem éri el a végső formáját és érettségét, nem adja jelét a természet tökéletességének. Az emberek esetében a jelenlegi helyzet egyelőre még nem jelenti a végső és tökéletes állapotot. Ezért tűnik a helyzetünk rossznak. Ezzel együtt, pontosan úgy, ahogy a fa gyümölcse, bennünk sincs semmi olyan, amit meg kellene semmisítenünk, mert máskülönben már eleve nem lett volna belénk ültetve.

Az ego ereje egy csodálatos dolog. Neki köszönhetően fejlődtünk egész a napjainkig, és neki köszönhetően érjük majd el a teljességet. Az ego az, amely előre hajt bennünket, és amely határtalan fejlődést tesz számunkra lehetővé. Hiányában nem fejlődtünk volna emberi társadalomként, és nem különböznénk az állatoktól lényegileg. Az egónknak köszönhetően képtelenek vagyunk betelni a megismert és ideig-óráig tartó élvezetekkel, és ma már az ezeken túli dolgokat akarjuk megszerezni.

A dolog nyitját abban találjuk, ha megértjük, hogy miként lehet az ego erejét bölcsen és a lehető legjobban felhasználni, és segítségül hívni a másikkal való altruista kapcsolat kibontakoztatására. Az ebben segítségünkre levő módszer a Kabbala Bölcselete. Innen az elnevezés eredete – a Kabbala szó szerinti fordításban „kapást (el-/befogadást)" jelent –, azaz *annak Bölcselete, hogyan fogadjuk be az élvezeteket és az örömforrásokat, és hogyan viszonyuljunk ezekhez a legtökéletesebb módon.* A Kabbala Bölcselete nem kéri arra az embert, hogy fojtsa el a veleszületett, természetes egoista erőket és késztetéseket; épp fordítva, elismeri a létüket, és elmagyarázza az embernek, hogyan tudja őket helyesen és hatékonyan használni, olyanképpen, hogy általa elérhesse a teljességet. A fejlődése során az ember helyesen és harmonikusan ötvözi a benne levő hajlamokat és tulajdonságokat, s azokat a fejlődés szolgálatába állítja.

Például az irigységről, az erős vágyakozásról és a tekintélyről negatív hangnemben szokásunk beszélni. Ahogy azt a jól ismert talmudi mondás is mondja (Misna, Ávot 4:21): „Irigység, szenvedély és tekintély kivezetik az embert a világból." Ami viszont már kevésbé ismert, az a mondásnak a Kabbala által elébünk tárt mélyebb értelme – az irigység, az élvezetek és a tekintély vezetik ki az embert a világunkból, át a felsőbb világokhoz, a természet magasabb szintjeire. Azonban csak egy feltétellel: amennyiben e természetes hajlamainkat pozitív és hasznos mederbe tereljük, olyan módon, hogy a természet altruista erejével létesülendő egyensúly elérése felé hajtson bennünket.

A válság alkalom az egyensúly helyreállításához

„A kínai két ecsetvonással írja le a 'válság' szót. Az egyik ecsetvonás a veszélyt jelzi, a másik pedig a lehetőséget. Válság idején légy tisztában a veszéllyel, de ismerd fel a lehetőséget."

(John F. Kennedy, Indianapolis, 1959. április 12.)

A természet mindig egyensúlyra törekszik, és megtesz mindent, csak hogy az összes eleme egyensúlyba kerülhessen. Vegyünk szemügyre például egy vulkánkitörést: a Föld mélyén levő belső nyomás fokozatosan emelkedik, mígnem a Föld külső kérge már képtelen tovább ellensúlyozni ezt a feszítő nyomást. Ez egy, az élettelen anyagok szintjén előforduló egyensúlyhiány, amely a nyomás kiegyenlítődéséhez vezető vulkánkitörés által áll helyre. Így működik a természet: helyreállítja az egyensúlyhiányt.

Ahogy arról a fizika és a kémia törvényei tanúskodnak, minden anyag vagy tárgy mozgásának egyetlen, kizárólagos oka van, mégpedig az egyensúlyra való törekvés. Ez a fajta törekvés váltja ki az olyan jelenségeket, mint például nyomás- és hőkiegyenlítődés, a vizek mélyebb területekre áramlása, hideg és meleg szétszóródása és még sok egyéb más jelenség. Ezt az egyensúlyi állapotot a tudomány nyelvén „homeosztázisnak" nevezzük (*homo*, latinul, „azonos"-t, *stasis* pedig „állapotot" jelent), amelyet kivétel nélkül minden létező dolog igyekszik elérni.

Az emberi szinten azonban e homeosztázisnak a megteremtése tudatos részvételt kíván. Ebből megérthető, hogy amíg nem leszünk tudatában annak, hogy a másik iránti egoista viszonyulás mind a magunk, mind pedig az egész világ számára kárt okoz, lehetetlen lesz tőlünk bármit is követelni. Ezen a ponton érkezik a természet a segítségünkre, jelezve, hogy egyensúlyhiányba kerültünk, amely komoly válsághelyzetet okoz egoizmusunk fejlődésében.

Nincs más célja a válságnak, mint hogy tudatossá tegye a számunkra: rossz úton járunk, és irányt kell változtatnunk. A válság nem büntetést jelent; a válságnak köszönhetően érjük el a teljességet. Az igazat megvallva, nem létezik olyan, hogy büntetés a világban, hiszen nem mi magunk vagyunk azért a hibásak, hogy egoistának alkottak bennünket. A világunkban minden az ember fejlődését szolgálja.

Nem szabad elfelednünk, hogy az ember, olyan anyagból lévén, amelynek valódi lényegét az élvezni akarás teszi ki, képtelen elmozdulni, fejlődni vagy akár csak tenni bármit is anélkül, hogy erre „hiánya" volna: magyarán bennünket csak a vágy beteljesületlenségének az érzése tud cselekvésre kényszeríteni, vagyis a mozgásnak mi mindig valamely jövőbeni beteljesülés reményében kezdünk neki. Ha hiányzik nekünk valami vagy elégedetlenek vagyunk, akkor szenvedünk, és megoldás után kezdünk nézni. Ilyen módon fejlődünk és haladunk előre. A filozófus, Arthur Schopenhauer szavait idézve ez a következőképpen magyarázható: „Az embereket látszólag az előrehaladás vonzza előrébb, ám gyakorlatilag a hátulról érkező nyomás okán haladnak előre."

A válság a már eredendően, meghatározott céllal a természetünk részévé tett „fogyatékosságok" leleplezését jelenti, amely egyben lehetőséget ad arra, hogy orvosoljuk és helyreállítsuk ezeket a hibákat, s hogy e korrekció megtétele által felemelkedhessünk. Régen, több száz, több ezer évvel ezelőtt, amikor az emberiség szenvedett, még nem volt azon a szinten, hogy megérthesse, miért is szenved. Ma már azonban éretté váltunk arra, hogy megérthessük a szenvedések okát, hogy megérthessük: a szenvedések nem másra, mint egyenesen az altruizmus, a természetben uralkodó szeretet és ajándékozás tulajdonságának a megszerzésére irányítanak bennünket.

Ennélfogva a ma emberét akár meg is kérdezheti a természet: „Vajon helyesen reagálsz azokra, amik érnek téged?" Ma, a csapások mellett, a természet az okok magyarázatát is átadja az embernek.

Mostanáig egyszerűen bánt a természet az emberrel: a benne ébresztett vágyak által ösztökélte a fejlődésre, és az ember ezeregy téren hihetetlen iramban fejlődött – a társadalom, a kultúra, az oktatás, a tudomány és a technológia terén. Csakhogy hirtelen zsákutcához értünk, meg kell állnunk és önvizsgálatot kell tartanunk. Gyakorlatilag innentől lettünk felvértezve az ehhez szükséges képességgel, azaz, górcső alá venni és felülvizsgálni a vágyainkat. S ennek tudatában egyúttal ettől a pillanattól vált mindez kötelességünkké.

A tudatosság építését nem folytathatjuk pusztán csak a „miként használhatjuk a vágyainkat jobban" kérdést illetően. El kell kezdenünk egy újfajta nézőpontból gondolkozni a vágyainkról, és felülvizsgálni azokat: „Ember vagyok. Vannak vágyaim. *Mit* csinálok velük és *mi célból?*" Mindegyikünk feladata volna megvizsgálni saját magunkat, és meg kellene próbálnunk önkritikát gyakorolni.

Valójában a természet ereje egy állandó és változatlan altruista erő, amely folyton arra nyom bennünket, hogy egyensúlyi helyzetbe kerüljünk vele. Az egyedüli dolog, amely a belé táplált programnál fogva változik és növekszik, az a bennünk levő ego. Az ego és a természet ereje közti minduntalan növekvő ellentét az, amely fokozza az egyensúlyhiányt. Az egyensúlyhiányt feszültségként, diszkomfortérzésként, szenvedésként és válságok sorozataként éljük meg. E negatív jelenségek mértéke az egyensúlyhiány mértékén múlik. Innen jól megérthetjük, hogy vajon miért volt a múltban a feszültség és nyugtalanság érzése sokkal kisebb, s hogy vajon miért növekszik napról napra.

Ebből következően egyes-egyedül mi magunk határozzuk meg a jövőben megélt szenvedések avagy boldogság mértékét, méghozzá a természetteli egyensúlyhiány mértékén keresztül. Más szóval, minden nehézség és válság okát abban találhatjuk, hogy nem vagyunk szerves részei az amúgy pedig integrált rendszernek.

Csak akkor tudunk majd a megoldás irányába elmozdulni, ha az összes válságjelenséget – mind egyéni, mind pedig globális szinten – a szervezeti egyensúlyhiányt kiváltó okhoz, az ember egójához fogjuk kötni. Ha majd érteni fogjuk, honnan érkeznek a csapások, és érezhető lesz a szenvedéseknek a célja, azok jótékony hatással bírnak majd, hiszen a fejlődés hajtóerőivé válnak. S ha ez így van, akkor a válság nem válság, hanem az emberiség fejlődésének egy olyan előrehaladottabb fázisa, amely először a jelen állapot tagadásán keresztül nyilvánul meg. Csak ha megváltoztatjuk a viszonyunkat és a tudatunkat, s a velünk történő dolgokat másképp szemléljük, akkor fogjuk látni, hogy mindaz, ami ma válságnak látszik a számunkra, valójában drága lehetőség.

5. Engedelmeskedni a természet törvényeinek

„Nem érdemes előre kijelölt pályán futni, ha a cél maga nincs pontosan kijelölve."

(Francis Bacon)

Az élet célja

A természetben működő és azt fenntartó általános erő altruista erő. Ez az erő készteti a természet összes elemét egyazon test részeiként létezni, harmóniában és egyensúlyban egymással. Ennek a feltételnek a teljesítésével hozzák létre a természet elemei az „életnek" nevezett köteléket.

Az emberi szinten kívül minden szinten megtalálható ez a kapcsolat. Ennek nyomán az emberi életi célja, hogy saját maga teremtse meg ezt a kötődést; erre késztet bennünket a természet. Egy ilyen kapcsolatot a másik embertárs iránti altruista hozzáállással érhetünk el, amely a másik javáért való gondoskodásban nyilvánul meg. Nem beszélve arról, hogy tökéletes boldogságot ad az embernek. Ez a boldogság abból ered, hogy egy ilyen kapcsolat kiépítésével az ember egyensúlyba kerül a természet egyetemes törvényével, és teljesen a természet részévé válik.

Mi vagyunk az egyedüli olyan teremtmények, amelyek ténykedését nem a kölcsönös összetartozás vezérli – amiért nem is érzékeljük az „életet". Habár a szó egyszerű értelmét nézve igaz, hogy mi is élünk, a jövőben azonban majd látni fogjuk, hogy az „élet" kifejezés egy teljesen másféle létre utal.

Az út, amely elvezet bennünket az élet céljának a megvalósításához, egy több ezer éves egoista fejlődés hosszú fázisát öleli fel. Az út végén „kijózanodunk" majd abból a gondolatból, hogy az ego tesz bennünket boldoggá, és rájövünk, hogy épp az egoizmus növekedése áll az életünk összes problémája mögött. Majd a következő fázisban már át kell hogy lássuk és meg kell hogy értsük, hogy mindannyian egyazon rendszer elemei vagyunk, illetőleg el kell kezdenünk az embertársainkhoz az altruizmus törvénye szerint viszonyulni, hogy így mint egyetlen test megannyi szerve kapcsolódhassunk velük egymásba.

Először csak azért teszünk így, hogy elmenekülhessünk az életünkben felmerülő problémák elől, és csakugyan, az azonnali jutalmunk a problémáknak az élet minden terén bekövetkező enyhülése lesz. Ezzel együtt értelmet és tartalmat találunk az életünkben. Ahogy azonban majd haladunk előre a folyamatban, rá fogunk jönni, hogy a természet programja sokkal többet tartogat a számunkra puszta kényelmes testi létnél. Ha a dolog csak ennyiben merülne ki, úgy az egyensúlyi program, az altruizmus programja, a többi élőlényhez hasonlóan belénk volna táplálva.

Gyakorlatilag csak azért fejlődtünk egoista teremtményekként, hogy aztán magunktól jöhessünk rá arra: az ego jelen formája a felelős minden rosszért, mivel az magának a természet erejének a nemes tulajdonságával áll ellentétben. Ha az ember önállóan keresi az egyensúlyt, az fokozatosan az altruizmus, a másiknak való adás és szeretet értékeinek a felismeréséhez vezeti.

Ahogy azt láthattuk, a természetben minden egyes egyed az őt magába foglaló rendszer javáért dolgozik, ez azonban a kiegyensúlyozott és ösztönös létnek csak anyagi szinten megjelenő formája. Az ember és a természet más szintjei közötti különbség abban áll, hogy az ember gondolkodó lény. Az ember fel van vértezve a gondolat erejével, a világban létező legnagyobb erővel.

A gondolat ereje fölébe emelkedik minden élettelen erőnek, úgymint gravitációs, elektrosztatikus, mágneses vagy sugárzási erő; hasonlóképp fölébe emelkedik a növények növekedéséért és fejlődéséért felelős erőnek; továbbá felette van annak az erőnek is, amely az állatokat a számukra szükséges irányú mozgásra, illetőleg a káros dolgoktól való eltávolodásra bírja; de ugyancsak felette van az ember egoista erejének is.

Így, míg az élettelen, növényi és állati szinteken az egyedek rendszer iránti pozitív viszonya anyagi formában fejeződik ki, addig ugyanez az ember esetében a gondolat és a másik iránti viszony szintjén nyilvánul meg. Ezért a mi esetünkben ezt a szintet kell orvosolni. A Kabbala Bölcseletének egyik legfontosabb alapműve, a *Zohár Könyve*, amelyet Rabbi Simon bár Jocháj írt még mintegy kétezer évvel ezelőtt, a következőképp fejezi ezt ki: „Minden a gondolatban válik világossá" (*Zohár*, 2. rész, 254. pont).

Alapjában véve maga a belső ellenállásunk, hogy összeálljunk más emberekkel, hogy valami egészet és teljeset alkossunk, szintén az egoizmusunk egyik megnyilvánulási formája. Ennek ellenpárja az altruizmus – azaz az embernek egy belső mozgása, ki önnön magából, a szívéből és a vágyaiból, át egészen addig a pontig, hogy aztán a többieket már mintegy saját maga részeként tudja érzékelni. Ennek megfelelően, hogy egyensúlyt teremthessünk magunk és a természet altruista törvénye között, el kell hogy érjünk egy olyan szintre, ahol már nem a másik feletti uralkodásban és az öncélú kihasználásában akarunk élvezetet lelni, hanem épp ellenkezőleg, a másik iránti önzetlen viszonyban és az egyazon rendszer elemeiként fennálló kölcsönös kötődésben.

A másokra nézve egoista élvezetforrásunk altruista alapúvá cserélésének folyamatát „az ego Tikunjá"-nak (kijavításának), vagy egyszerűen csak Tikunnak nevezzük. Ez a folyamat egy újfajta vágynak a bensőnkben történő kiépítésén alapszik, azaz egy olyan vágynak a kiépítésén, amely az altruizmus tulajdonságának a megszerzését követeli.

Hogy előrébb haladjunk a korrekció folyamatában, használnunk kell a gondolat erejét. „A gondolat a vágy szüleménye" című értekezésében Báál HáSzulám azt magyarázza, hogy a bennünk levő élvezni akarás az, amely meghatározza, hogy mire gondoljunk, és miről gondolkozzunk. Ezért nem szoktunk olyan rossz dolgokról – mint például a halálról – ábrándozni, amelyek ellentétben állnak a vágyainkkal, hanem csak olyan dolgokról, amelyekben kedvünk telik.

Természetes formában a vágy szüli a gondolatot, azaz a vágy idézi elő, hogy olyan gondolatok szülessenek bennünk, amelyek lehetséges utakat nyitnak előttünk, mellyel valóra válthatjuk a vágyainkat. Ezzel együtt a gondolat különleges képességgel bír – képes visszafele is hatni, azaz megnövelni a vágyat. Ha valami után csak kisebb vágyat érzünk, ámde gondolunk rá és elmélkedünk róla, megnő a vágyunk. Minél többet gondolunk az adott dologra, annál jobban megnő utána a vágyunk.

S így egy folyvást intenzívebbé váló körforgás jön létre: a most növekvő vágy megnöveli a gondolatot, a gondolat pedig tovább növeli a vágyat. Ezen mechanizmus által építünk vágyat az olyan dolgok iránt, amelyekről már értjük, hogy fontossággal bírnak a számunkra, ám még továbbra sem foglalja el a szívünkben a neki kijáró helyet a többi más vágyunk között. Ilyenformán lehet az altruizmus megszerzésére irányuló vágyat központi vággyá tenni az életünkben.

Itt minden bizonnyal felmerül a kérdés: vajon miként tudjuk megszaporítani a gondolatainkat a másokkal való altruista kötődésről, amikor az erre irányuló vágyunk nem épp a legnagyobb vágyunk? Más szóval: hogyan tudjuk beindítani ezt a gondolat-vágy-gondolat körforgást?

Itt jön képbe a környezet hatása az emberre. Ha majd tudni fogjuk, miként építsünk magunk köré megfelelő környezetet, úgy majd az fog forrásként szolgálni az új vágyakhoz és gondolatokhoz, és azok fogják fokozni a késztetésünket, hogy magunkévá tegyük a természet altruista tulajdonságát. Minekutána a környezet rendkívüli jelentőséggel bír az ember fejlődésére nézve, a következő két fejezetet ennek a témának szenteljük.

MIT KELL TENNÜNK?

El kell kezdenünk foglalkozni a gondolattal, hogy érdemes egyensúlyba kerülnünk a természet erejével, mert ezen múlik a pozitív jövőnk. Arra kell összpontosítanunk, hogy mindannyian egyazon rendszer elemei vagyunk, mely elemek legyenek bárhol is, az összes embert magában foglalják; majd ennek ismeretében el kell hogy kezdjünk a többi emberhez ennek megfelelően viszonyulni.

A másik iránti altruista viszony azt jelenti, hogy az ember a szándékát, a gondolatát és az aggódását mind arra irányítja, hogy a másiknak jó legyen, minden embernek azt kívánja, hogy mindent kapjon meg, ami csak a fennmaradásához szükséges, vagy talán még ennél is többet. Ugyanakkor a gondolati erejét az anyagi jóléten túl a másik tudatszintjének a megemelésére kell hogy összpontosítsa. A szó szoros értelmében akarni kell az embernek, hogy az egy és egyetemes rendszer részének érezze magát.

Ez először is egy belső munka, gondolati szinten. Fontos, hogy mélyedjünk el ebben a gondolatban, és ne hagyjuk elillanni a fejünkből, ahogy az pedig minden bizonnyal történne. Az ilyen gondolatoknak nagy jelentőséget kell tulajdonítanunk, mivelhogy tőlük függ a boldogságunk és boldogulásunk, és mert a segítségükkel menekülünk majd meg minden problémától. Még ha a dolog kezdetben elvontnak is tűnik, mindenesetre ezen, és csakis ezen múlik a szép jövőnk.

Azon kívül, hogy gondolati szinten az embertársaink irányába belső altruista viszonnyal viseltetünk, ugyanígy a konkrét tetteinkben is képesek vagyunk altruista hozzáállással viselkedni – megosztani velük az élet céljáról és annak megvalósításáról szóló tudást. Ha ennek a tudásnak a lényegét továbbadtuk másoknak, akik ha csak egy kicsit is, de partnerekké váltak abban, hogy foglalkoznak a problémával, ráadásul megvan bennük a szándék, hogy a megoldás felé haladjunk, ezzel máris pozitív változást idéztünk elő abban az egyedülálló rendszerben, amelynek valamennyien elemei vagyunk. Ennek eredményeként saját tudatunk is napról napra erősödik, amitől azonnali módon pozitív változást fogunk érezni az életünkben.

Ha csak egy ember javítja ki a többiekhez való viszonyát, az máris az egész emberiségben változást idéz elő. Gyakorlatilag a következőképpen lehet az egyén és az emberiség egésze közt fennálló viszonyrendszert ábrázolni: te és az egész emberiség ugyanazon egyedüli rendszer elemei vagytok. Mindazonáltal a többiek sorsa teljesen azon múlik, hogy te miként vagy rájuk hatással. A világ egésze a te kezedben van. Ez egytől egyig mindenkire ugyanígy igaz.

S hogy ezt megérthessük, képzeljünk magunk elé egy hétmilliárd rétegből álló kockát – a világ körülbelüli lakosságának megfelelően –, ahol is minden réteg egy embert képvisel. Minden rétegen belül hétmilliárd cella található, amelyek egyike te magad vagy. Az összes többi cella pedig a többi ember benned levő részét jelképezi. Ilyen módon épül fel a természetnek ez az egyedüli rendszere. Egyszóval: mindenki része mindenkinek, ennélfogva mindenki kapcsolatban van mindenkivel.

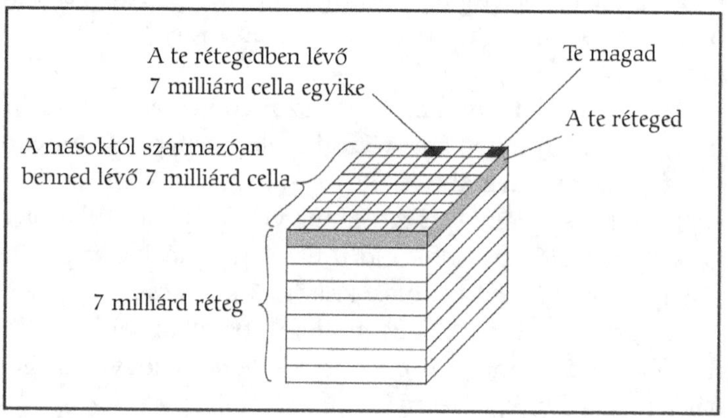

Amennyiben kijavítod a viszonyodat a saját rétegednek akár csak egyetlen cellájával, együttal mintegy felébreszted a szükségszerűen benne található részedet. Ezáltal ebben az emberben egy olyan pozitív változást idézel elő, amelynek révén ez az illető közelebb kerül ahhoz az állapotához, amelyben majd ki akarja javítani a tőle kívülállókkal fennálló viszonyát. Sőt mi több, nemcsak ebben az egy emberben idéz elő változást, hanem az egész rétegében, vagyis az összes többi cellában, amelyekben ő maga azok részeként megtalálható. S miután ezek mindegyikének ugyanígy ott van a maga rétege ebben a kockában, ez az ő rétegeiket ugyancsak „felébreszti".

Következésképp, ha akár csak egy ember is kijavítja a viszonyát valamely másik emberrel, az az összes többi ember tudatában – anélkül, hogy ők mindezzel tisztában lennének – egy pozitív változást eredményező folyamatot, láncreakciót idéz elő. A kocka különböző rétegei közötti effajta kölcsönhatások azok, amelyek folyvást egyre közelebb és közelebb viszik az emberiséget a teljesség felé.

Mindezzel együtt azonban nem szabad elfelejtenünk, hogy jelen pillanatban az emberiség még ellentétben áll az altruista természettel. Ezért ha csak egy kicsit is sikerült az emberiségen változtatnunk, azzal közelebb hoztuk azt a természetteli egyensúlyállapothoz. Ami más szóval annyit jelent, hogy az egyensúlytalanság és egyben az azt kísérő negatív jelenségek mind csökkennek. Azok azonban, akik a másikhoz való viszonyukat még nem javították ki, mindezt nem fogják így érezni, csak mi, akik mindezt előidéztük. S ezért minél állhatatosabban kitartunk majd azon gondolatok és tettek mellett, amelyek felerősítik a tudatot, miszerint valamennyien egyetlenegy rendszer elemei vagyunk, annál előbb kezdjük majd érezni, hogy egy barátságos, jó és boldog világban élünk.

Az embernél tetten érhető gondolat ereje és annak döntő hatása a létre a nagy kabbalistának, Rabbi Ávráhám Jicchák HáKohén Kuknak a következő szavaiban nyernek kifejeződést (kézirat, 60. o.): „Intenzív szoktatás szükségeltetik ahhoz, hogy érezni lehessen az élet erejét és a gondolat erejének létét; hogy meg lehessen ismerni az elgondolásban rejlő erőt és az élet rendjét, és a gondolat létének erejét, és megérteni ezen felismerés szerint, hogy minél inkább felemelkedik, finomabbá és fénylőbbé válik a gondolat, az ember annál jobban felemelkedik, finomabbá és fényesebbé válik. És a lét valamennyi oldala, melyek mind állandóan a gondolat ereje alatt vannak, felemelkedéseik és alább ereszkedéseik az ember gondolati erejének a felemelkedésén és alább ereszkedésén múlanak."

Amikor az ember gondolata magasabbra emelkedik és megéri, hogy kijavítsa a másikhoz való viszonyát, ezáltal újfajta vágyakozásra tesz szert:

„Keszef" (pénz) – a „kiszuf" (vágyakozás) szóból eredően. Ez arra az állapotra utal, amikor az ember vágyat érez arra, hogy magáévá tegye a többieknek a vágyait, és gondoskodjék azok beteljesülése felől, miként az anya is gondját viseli a gyermekeinek, és örül, ha kielégítheti a szükségleteiket.

Tisztelet – az ember mindenkit elfogad és tisztel úgy, ahogy van, és társként viszonyul a másikhoz.

Tudás – az ember mindenkitől szívesen tanul, csak hogy általa megérthesse, mire van másnak szüksége, hogy hozzákötődjék és így egyensúlyba kerüljön a természettel. Ennek eredményeként értheti meg és érezheti a lét egészét bekerítő, mindenek feletti altruista gondolatot: a természet szándékát. Ez a bejárat a természet legmagasabb szintjéhez, a teljességhez.

SOKKAL KÖNNYEBB, MINT AMILYENNEK TŰNIK

A kijavítás folyamata, melynek során az élvezeti forrásunkat egoistáról altruistává cseréljük át, nem tűnik első látásra egyszerűnek. A valóság azonban nagyban eltér attól, ahogy az elsőre látszik. Erről mondja Báál HáSzulám a következőket („Béke a világban"): „A terv első látásra képzeletbelinek tűnik, olyannak, ami felette van az emberi természetnek. Ám ha a dologban elmélyedünk, azt találjuk, hogy a magunknak akarás és a másiknak adományozás között húzódó összes ellentmondás pusztán pszichológiai jellegű."

A „pszichológiai ellentmondás" kifejezés nem arra utal, hogy a problémát netán pszichológusok által oldhatnánk meg, hanem azt mutatja, hogy a probléma az élvezés módját érintő belső hozzáállásunkkal van: hozzá vagyunk szokva, hogy az élvezetet egoista beteljesülés formájában nyerjük el. Nehéz felfognunk, hogy valamely más formában is módunkban áll élvezetet nyerni.

Könnyebbnek tűnik a számunkra boldogulni az egóval, ha úgy hagyjuk, ahogy az van (vagyis anélkül, hogy kijavítanánk), ha elengedjük magunkat, hagyjuk, hogy sodródjunk az élet áramlatával és majdcsak „ahogy lesz, úgy lesz". Az igazság azonban ettől teljesen eltér. Ugyanis nem vagyunk tudatában annak, hogy az egónk – amelyben annyira bízunk és biztosak vagyunk benne, hogy mindig valamilyen jobb állapot felé vezet el bennünket – nem igazán mi vagyunk. Az ego valójában egyfajta zsarnok, aki ott ül bennünk és zsarnokoskodik felettünk, miközben rendszerint azt gondoljuk, hogy a mi érdekünket és javunkat szolgálja.

Abban a pillanatban, amikor felismerjük, hogy az ego – anélkül, hogy megkérdezett volna bennünket, vajon a mi érdekünket szolgálja-e – minden téren ural és irányít bennünket; amint felismerjük, hogy az ego minduntalan ott van bennünk, és összezavar bennünket, azt a látszatot keltve, mintha mindazt, amit akarunk, tényleg mi akarnánk, holott mindezt ő akarja és nem mi; és amint látni fogjuk, hogy mennyi erőre és erőfeszítésre van szükségünk, hogy teljesítsük a kívánalmait, és hogy mennyire csekély fizetséget kapunk ezen hatalmas és megállás nélküli fáradozás ellenében, az ego jelenlegi kijavítatlan formájához mint valamely kegyetlen, párját ritkítóan szörnyűséges uralkodóhoz fogunk viszonyulni.

Ha az emberek számot vetnének arról, mennyi erőfeszítést és energiát fektettek életük során a boldogság elérésébe, és ehhez képest mennyi élvezetet sikerült elnyerniük, miként azt Báál HáSzulám mondja, oda jutnának, hogy „a szenvedések és a fájdalmak, amelyeket a szükségleteink eléréért szenvedünk el, hányszorta nagyobbak az élet során átélt csekély élvezetnél!" (Előszó a Tíz Szfira Tanulmányához 3. pont) Mindez azonban rejtve van előttünk. Az ego magára ölti az egyéniségünket, s már-már úgy tűnik számunkra, hogy ő és mi egyek vagyunk, így újra és újra arra kényszerít bennünket, hogy egoista élvezeti források után vágyakozzunk.

Igazság szerint az „énünk" és az ego nem egy és ugyanaz, ezért különbséget kell hogy tegyünk közöttük.

Attól kezdve, hogy az ember különválasztja a két fogalmat, és magának akarja tudni az altruizmus tulajdonságát, hogy általa kerülhessen egyensúlyba a természet erejével, azonnal pozitív támaszra fog találni a természet ereje felől. Ugyanakkor meg kell jegyeznünk, hatalmas különbség van egoista tettekkel és altruista tettekkel járó erőfeszítés között: azt követően, hogy az ember magáévá teszi a természet tulajdonságát, az általa végrehajtott altruista tettek nem követelnek tőle erőfeszítést és energiát; hanem épp ellenkezőleg – kényelemben és könnyen viszi őket végbe, olyan módon, hogy azok elragadtatást, emelkedettséget és elégedettséget okoznak benne.

Az altruista tettek nemhogy nem igényelnek energiát, hanem saját maguk is energiát termelnek, mivelhogy az altruista erő úgy működik, akár a Nap, amely fényt bocsát ki és szünet nélküli, véget nem érő energiaellátóként szolgál. Ezzel szemben az egoista erő mindig kapni és kitöltődni akar, mivel örökké deficitben van. Ezt egy elem pozitív és negatív pólusához hasonlíthatjuk. Abban a pillanatban, amikor az ember azonosul a pozitív erővel, önmagát is energiával telinek és határtalan képességűnek érzi, ő maga is egyfajta örök forrássá válik, energiát termel és azt megállás nélkül, minden korlátozás nélkül kibocsátja önmagából.

Ennek fényében, ahogy azt Báál HáSzulám mondja, a probléma pusztán pszichológiai probléma: hogyan szakad-

junk el a csak látszólag kedvező egoista számítgatásoktól
és térjünk át az altruista számvetésre. Ez azonnali és ha-
tártalan megelégedést biztosít számunkra, ugyanis a má-
sokkal való altruista kötelékben igazi és a tökéletes élveze-
tet találhatunk.

Hosszú és rövid út

Az altruizmus tulajdonságának megszerzése célja az élet-
nek. Ennek elérésére a természet fejlődési törvénye magán
az egoizmuson keresztül kényszerít rá bennünket. A termé-
szet célja az, hogy elérkezzünk arra a pontra, ahol ráisme-
rünk a kívánt kijavítás szükségességére, amely megadja szá-
munkra annak lehetőségét, hogy megértéssel, tudatosan,
a többi emberrel való viszonyunk megváltoztatásának fo-
lyamatával azonosulva, teljessé tegyük magunkat. Ennél-
fogva mindannyiunk előtt két út áll:

Előrébb lépni a fejlődés folyamatában, azaz felismerni,
hogy a bennünk levő egoista természet káros, és ellentétes
a természet tulajdonságával, az altruizmus tulajdonságá-
val, illetve tanulmányozni a kijavítását szolgáló módszert.

Avagy várni, míg az egyensúlytalanságból eredő csapá-
sok, nyomás és szenvedések lesznek azok, amelyek a kija-
vítás módszerének keresésére kényszerítenek bennünket,
akaratunk ellenére.

A szenvedéstől és nyomástól való menekülés során
végbemenő ego-korrekció – mindenképpen garantált. Meg-
adatott azonban számunkra annak a lehetősége, hogy előre
választhassuk meg a fejlődésünk lefolyását, hogy megért-
sük és kézben tartsuk azt. Ilyen módon gyorsan, kellemes
formában kerülünk majd egyensúlyba a természet általá-
nos törvényével, az altruizmus, a szeretet és az adományo-

zás törvényével. A fejlődés kétféle lehetséges útját a „kijavítás útjának", illetve a „szenvedések útjának" nevezik.

Kétség sem férhet hozzá, hogy a természet fog „győzedelmeskedni", azaz előbb vagy utóbb be fogjuk tartani a törvényeit. A kérdés csak az, hogy ehhez melyik utat választjuk. S ha amellett döntünk, hogy inkább önszántunkból haladunk az egyensúlyi állapot felé, még azt megelőzően, hogy minderre a szenvedések kényszerítenének bennünket – nos, lehet-e ennél jobb választásunk? Ám ha nem így döntünk, akkor a szenvedések fognak bennünket mintegy hátulról ebbe az irányba nyomni, és szolgálnak majd a maguk módján motivációként a számunkra. Érdekes megfigyelni, hogy a latin nyelvben az ösztönzésre használt „stimulus" szó egy olyan éles botot jelöl, amellyel a szamarat szokták szurkálni, hogy általa gyorsabb haladásra ösztönözzék.

Ahhoz, hogy eljuthassunk a természetteli egyensúly állapotához, a lét legtökéletesebb állapotához, előtte meg kell hogy tapasztaljuk ennek az ellentettjét, azaz a lét létezhető legrosszabb állapotát, tekintve, hogy mi minden dolgot annak ellenpárján keresztül észlelünk: fényt a sötétség ellenében, feketét a fehér ellenében, keserűt az édes ellenében, és így tovább. Akárhogyan is, két lehetséges módja van annak, hogy végigmenjünk és megéljünk egy ilyesfajta szörnyű helyzetet. Az egyik – ténylegesen keresztülmenni rajta; a másik – a lelki szemeink elé vetíteni azt. Ezért lettünk érző és gondolkodó lények.

Fejben anélkül is képesek vagyunk elképzelni a köztünk és a természet közti egyensúlyhiány szörnyűséges jelentését, hogy azt a saját bőrünkön kellene megtapasztalnunk – ahogy az írva van: „Micsoda bölcs, ki előre látja a születendőt" (*Talmud Bávli*, Támid 32a). A magunk elé vetített képben ott lesz az erő, hogy a jövőbeni rossztól, még mielőtt az megtörténhetne, a jó irányába tereljen bennünket.

Így rengeteg szenvedéstől mentjük meg magunkat és gyorsítjuk fel a fejlődésünk ütemét. Annak a tudásnak terjesztése, hogy mi az oka az összes válságnak és problémának, illetve milyen módon lehet mindebből új életre lépni, mind-mind azt szolgálják, hogy az emberiség a lehető leggyorsabb ütemben haladhasson a kijavítás útján.

A másikhoz való viszony megváltoztatása hozza el a természetteli egyensúlyt

Elég könnyen megérthetjük, hogy egymáshoz való viszonyunk megváltoztatása vezet el majd bennünket a humán-társadalmi szinten megjelenő problémák megoldásához. Magyarán nem lesznek többé háborúk, a terror és az erőszakos cselekmények abbamaradnak, az általános hangulat javulni fog, és így tovább.

A manapság uralkodó válság azonban a természet egyéb szintjein – az élettelen anyagok, a növény- és állatvilág szintjén – is jelen van. Így hát joggal kérdezhetjük: mi lesz velük? Miként fog javulni a helyzetük? Mert hisz ha meg akarjuk őket menteni, és kezelni akarjuk a föld, a víz, a levegő, a növények és az állatok helyzetét, közvetlenül velük kellene foglalkoznunk.

Ebből kiindulva csakugyan meglepőnek tűnhet a számunkra, hogy a Kabbala Bölcseletének korrekciós módszere miért épp az emberek közti viszonyra fókuszál, és miért tőle teszi függővé a természet egészének állapotát. Vajon valóban lehetséges, hogy az összes többi szint helyzetére ugyancsak az emberek közti egoista viszony kijavítása lenne hatással, és az hozna megoldást például az ökológiai problémákra és a létszükségleti erőforrások fenyegető hiányára?

S itt tudnunk kell, hogy a természet ránk ható altruista ereje olyan egyedülálló erő, amelyben nincs felosztódás. Csakis ránk való tekintettel osztódik fel élettelen, növényi, állati és ún. beszélő természetre, más szóval a természetnek négy különböző, ránk hatással levő szintjére.

Az élettelen szinten hatással van ránk például a talajon keresztül, a növényi szinten a növényeken és fákon keresztül, az állati szinten az állatokon és a testünkön keresztül, a beszélő szinten pedig a bennünket körülvevő társadalmon keresztül. Összességében mindez egyetlen erő, és csak az érzékszerveink azok – ahogy azt a továbbiakban majd látni fogjuk –, amelyek ezt az erőt számtalan erőre és különféle szintekre bontják.

Az ember ezzel az altruista erővel úgy juthat el az egyensúlyi állapot legmagasabb szintjére, ha ugyanazon gondolat, vágy és szándék vezérli – másképp fogalmazva, ha eléri a „beszélő szintnek" nevezett egyensúlyi állapotot.

Ha szeretettel vagyunk mások iránt, ha az emberiség egy társulatként él és működik, és ha az emberek mint egyazon test részei kapcsolódnak egymáshoz, ezáltal egyensúlyt teremtünk köztünk és ezen erő között a létezhető lehető legmagasabb és az összes többi alacsonyabb szinten. Magyarán az egyensúly hiányának összes negatív megnyilatkozása, szenvedés és nélkülözés, amit csak érzünk ma az élettelen anyag, a növény- és állatvilág, illetve az emberi társadalom szintjén, mind abbamaradnak.

Ezzel szemben amikor az ember a természet erejére tekintettel egyensúlyt teremt a beszélőnél alacsonyabb szinteken, azaz ha az élettelen anyaghoz, növény- és állatvilághoz való viszonyát kezdi kijavítani, attól még az összes többi szinten egyensúlytalanságot fog érezni.

Ha például az ember szeretettel viszonyul a élettelen anyag természetben fellelhető valamennyi szintjéhez, azaz nem teszi tönkre a földet és pusztítja el az ózonréteget, és így tovább, bár egyensúlyi helyzetet teremt az élettelen anyagok szintjén, ám a növények, állatok és a beszélő szintjén továbbra sem lesz egyensúlyban. S habár a természet ereje felől ezáltal ugyancsak pozitív változás megy végbe, ez csak egy kis mértékű, helyi változás lesz.

Amennyiben az ember a természet növényi szintjéhez is szeretettel viszonyulna, kétségtelen, hogy hozzátenne valamit a természetteli egyensúlyhoz, és ennek eredményeként egy kicsit valóban kényelmesebbnek és jobbnak érezné a helyzetét. S ha ugyanígy járna el a természet állati szintje felé, a helyzete akkor is valamivel tovább javulna.

Mindez azonban szinte semmi a beszélő szinten megvalósítható egyensúlyi helyzethez képest, lévén hogy mi, emberek vagyunk a „beszélő" szint. Ennélfogva éppen a bennünk levő beszélő szintnek kell egyensúlyban lennie.

S még ha ezzel nem is értünk egyet, és ha minden erőnkkel mégiscsak azon leszünk, hogy az élettelen anyagokkal, növényekkel és állatokkal való viszonyunkban teremtsünk egyensúlyt, nem fogunk tudni tényleges formában javítani a helyzetünkön, tekintve hogy az erőfeszítéseink nincsenek összhangban a természet bennünket érintő szándékával.

Ez a helyzet egy olyan felnőtthöz hasonlítható, aki az élethez továbbra is gyerekként viszonyul, minduntalan figyelmen kívül hagyva a benne levő adottságokat és képességeket. Magától értetődő, hogy viselkedése mit sem változtat azon, hogy a természet a benne rejlő fejlődési potenciáljának megfelelően viszonyul hozzá, még akkor is, ha az illető ezeket nem bontakoztatja ki.

Mindez annyit jelent, hogy egészen addig, amíg nem teremtünk altruista természetű köteléket az emberek között, a természet egyedüli és állandó erejének hatását továbbra is negatívnak fogjuk érezni, és a problémák továbbra is jelen lesznek a lét összes szintjén. Ezért van az, hogy miközben próbálunk megoldást találni valamely adott – például ökológiai – problémára, ezzel egy időben a létező összes irányból számtalan, más és más probléma tör a felszínre, egyre növekvő ütemben.

Ezért nem engedhetjük meg magunknak, hogy meghátráljunk és ne a valódi probléma megoldására, az egoista viszonyok kijavítására összpontosítsunk, hanem helyette inkább a természet alacsonyabb szintjeinek problémáira fókuszáljunk. Ugyanis éppen ezen múlik a természet helyzetének alakulása. S ha valóban jelentős mértékben javítani szeretnénk a természet állapotán, annak csakis ez lehet a módja.

A világ minden történése az emberen múlik, ahogy azt a *Zohár Könyve* magyarázza (*Zohár*, Vájjikra 113). Minden csakis az emberért létezik és történik, azzal a céllal, hogy segítsen neki helyes viszonyt építeni közte és környezete között, és magáévá tenni a természet altruista tulajdonságát. Ez adja a megoldást a világ összes problémájára: a természet egésze annak kijavított formájában, mindenre kiterjedő egyensúlyban fog létezni, harmóniában és teljességben.

Kéziratában (170. o.) Rabbi Kuk ezt az állapotot a következőképpen írja le: „A teremtés és a globális irányítás ereje a lehető legnagyobb tökéletességgel került kivitelezésre... mindazonáltal egy kis rész kijavítatlanul áll... s ennek teljessé egészítése az összes teremtmény teljessé tételén múlik. Ez a kis rész nem más, mint az emberi lélek, annak akarati formájában és spirituális vetületének másolataiban. Ezt a részt kapta meg az ember, hogy kijavítsa, s hogy általa tökéletessé tegye a teremtés egészét."

A természet itt felvázolt törvényei rejtett törvények, melyek feltárásához az egyetemes természet kutatásán keresztül a kabbalisták jutottak el. Ők rámutatnak a lét problémáinak megoldásaira. Bizonyítani lehetetlen, logikus és meggyőző módon azonban el lehet ezeket magyarázni. Végeredményben, a magyarázatot követően, már csak az emberen múlik, hogy azt elfogadja-e vagy sem.

Az sem véletlen, hogy mindez így működik. A természet ugyanis fenn akarja tartani a függetlenségünket. A dolgok azért vannak elrejtve előlünk, hogy mi magunk tárhassuk fel, mely ponton térünk el a természet törvényeitől.

Mert ha a dolgok szilárd, világos és egyértelmű tényeknek tűnnének a számunkra, úgy meg lennénk fosztva a szabad választás lehetőségétől, mely pedig az egyedüli és kizárólagos eszköze annak, hogy a beszélő szintben rejlő egyedi lehetőségek megvalósulhassanak. Ha nem így volna, csak leereszkednénk az állati szintre, és teljes egészében a természet utasításai szerint működnénk. A természet azért helyez bennünket egy ilyesfajta rejtekhelyre, hogy aztán saját magunk egészíthessük azt ki és építhessük meg fölébe, illetve a bensőnkben a beszélő szintet, annak teljességében. Ha élni fogunk a ránk váró szabad választás lehetőségével, sikerrel fogunk járni.

6. A szabadsághoz vezető út

Valamennyien egyénként, egyedüli és tetteiben független lényként tekinthetünk önmagunkra. Nem véletlen, hogy az emberiség több évszázadon át háborúk sokaságát vívta az egyéni szabadság bizonyos mértékű eléréséért. Sőt mi több, a szabadság fogalma a többi más teremtményt is érinti – hisz láthatjuk, mennyire szenvednek az állatok, miközben fogságban tartják őket, ha megfosztják őket a szabadságuktól. Mindez kellő bizonysággal szolgál arra, hogy a természet valóban egyetlenegy teremtmény elnyomásába se egyezik bele.

Ezzel együtt a szabadság fogalmáról meglehetősen homályos értelmezésünk van. S ha igazán elmélyedünk benne, láthatjuk, szinte semmi nem marad belőle. Mert mielőtt követeljük az egyén szabadságát, tulajdonképpen feltételeznünk kell, hogy valamennyi egyén jól tudja, mi az a szabadság, és mit takar a szabadság utáni vágyakozás. Azonban még ezt megelőzően meg kell hogy vizsgáljunk egy igen-igen lényegi kérdést: vajon képes lehet egy egyén a maga szabad akaratából cselekedni?

Az élet egy véget nem érő háborúból áll, melynek végső célja: eljutni egy jobb életformához. Vajon feltettük-e már valaha is magunkban a kérdést, mi az, amit csakugyan irányítani tudunk, és mi az, ami felett egyáltalán nincs kontrollunk? Lehetséges, hogy az esetek többségében „a kocka már el volt vetve", ám mi továbbra is úgy folytatjuk a dolgainkat, mintha a történések kimenetele rajtunk múlna.

A szabadság fogalma az egész életet átívelő természeti törvényként működik, s ezért mindenki vágyik a szabadság után. Ezzel együtt a természet nem szolgál a számunkra információval arról, hogy vajon mely helyzetekben van csakugyan szabad választásunk, és mely helyzetekben létezik ennek csupán az illúziója.

A természet a teljes erőtlenség, bizonytalanság és kiábrándultság állapotába helyez bennünket, és csalódottan látjuk, hogy semmit nem vagyunk képesek megváltoztatni – sem magunkban, sem az életünkben. Ezt azért teszi, hogy rávezessen bennünket: véget kell vetnünk az élettel való versenyfutásnak, és el kell gondolkoznunk a kérdésen, mi az, amire tényleg hatással lehetünk. Ha megismerjük a bennünket formáló tényezőket – akár azokat, amelyek el vannak bennünk rejtve, akár pedig azokat, amelyek rajtunk kívül állók –, képesek leszünk megérteni, hogy pontosan milyen módon teszi a természet lehetővé a számunkra, hogy irányítsuk a sorsunkat.

Öröm és szenvedés

Öröm és szenvedés, két erő, amelyek irányítják az életünket. A belső természetünk, az élvezni akarás kényszerít bennünket a már előre belénk táplált viselkedési formula szerinti cselekvésre: maximális élvezethez jutni, minimális erőfeszítéssel. Az ember ezért kénytelen folyton-folyvást az élvezetet választani, és elmenekülni a szenvedés elől. E téren semmiben sem különbözünk az állatoktól.

A pszichológia is elismeri, hogy minden ember képes megváltoztatni a fontossági sorrendjét, és mindenkinek meg lehet tanítani, hogyan számoljon azzal, mi jövedelmező és hasznos számára. Minden ember szemében felmagasztalható olyannyira a jövő, hogy képes elfogadni a jelen nehézségeit valamely jövőbeni nyereség megszerzése érdekében. Készek vagyunk például jelentős erőfeszítéseket tenni és rengeteget beleáldozni a tanulmányainkba, csak hogy elsajátítsunk valamilyen magas jövedelemmel vagy tekintélyes pozícióval járó szakmát.

Minden a kalkuláción múlik. Mindig azt nézzük, hogy az adott dolog eléréséhez szükségeltetett erőfeszítés megéri-e nekünk, vagy esetleg kisebb-e a várható élvezetnél. Ha igen, úgy lépni fogunk a megszerzéséért. Vagyis itt semmi másról nincs szó, mintsem a megfizetendő ár és a jövőbeni profit kalkulációjáról. Így épülünk fel valamennyien.

Az egyedüli különbség ember és állat között pusztán abban van, hogy az ember, az állattól eltérően, képes előretekinteni valamely jövőbeni cél felé, és beleegyezni egy bizonyos mértékű nehézség, fájdalom és szenvedés megélésébe a jövőbeni nyereség reményében. Ha jól megvizsgáljuk az embert, láthatjuk, hogy minden cselekedete ilyen számításokból ered, vagyis tulajdonképp mindent akarata ellenére hajt végre.

Sőt mi több, az élvezni akarás minduntalan arra kényszerít bennünket, hogy meneküljünk a szenvedéstől és a fájdalmaktól, és az elénk táruló élvezetet válasszuk. Ráadásul még csak az élvezet jellegét sem áll módunkban abszolút módon megválasztani. Ugyanis maga a választás – hogy mely forrásból nyerjünk élvezetet – sem a magam szabad választásából és akaratából születik meg, hanem a mások vágyainak hatására. Minden ember egyedi kultúrájú és a maga törvényei szerint működő környezetben él. Ezek nemcsak a viselkedésünk szabályait határozzák meg, hanem az élet valamennyi területéhez való viszonyunkra hatással vannak.

Az igazat megvallva, nem mi választjuk meg az életmódunkat, az érdeklődési területünket, a szabadidős tevékenységeinket, hogy milyen ételeket együnk, hogy milyen divatirányzat szerint öltözködjünk, és így tovább. Mindezt a bennünket körülölelő társadalom szeszélye és kedve szerint választjuk. Sőt mi több, a társadalomnak nem is szükségszerűen a jobbik része, hanem a többsége dönt. A társadalom udvariassági szabályai és ízlésvilága gyakorlatilag teljesen megkötnek bennünket, az életünk viselkedési szabályaivá válnak.

Valamennyi cselekedetünknek a társadalmi elismerés megszerzése az alapvető mozgatórugója. Még ha különbözőek és különlegesek akarunk is lenni, valami olyat tenni, amit még senki nem csinált előttünk, vagy megszerezni valami olyasmi dolgot, ami még senkinek sem sikerült, de akár kiválni a társadalomból és magányba zárkózni, mind-mind azért tesszük, hogy társadalmi elismerést vívjunk ki. Az olyan gondolatok, mint például: „Mit fognak majd mondani rólam?", és „Mit gondolnak majd rólam?" – a legfontosabbak a számunkra. Hajlamosak vagyunk azonban mindezt tagadni és elfojtani, merthogy ennek elismerése mintegy eltörli az „énünket".

MERRE TALÁLHATÓ A VÁLASZTÁS?

A fentiek a következő kérdést vetik fel: hol van szabad választási lehetőségünk, ha egyáltalán létezik ilyen? Ahhoz, hogy ezt a kérdést megválaszolhassuk, először is saját mibenlétünket kell tisztáznunk, és meg kell hogy értsük, milyen tényezők alkotnak bennünket. Az 1933-ban írt

„Szabadság" című értekezésében Báál HáSzulám azt magyarázza, hogy tulajdonképpen minden tárgyban, illetve minden emberben négy olyan tényezőt találunk, amelyek meghatározzák őt. Báál HáSzulám a gabonaszem fejlődését használja fel magyarázatként, mivel fejlődésének folyamata könnyen megfigyelhető, így segítséget nyújt a dolgok megértéséhez.

1. A kezdeti anyag – a benső mibenlét, az esszencia

A kezdeti anyag képezi valamennyi dolog benső mibenlétét. Még ha különféle formákat vesz is fel, ő maga soha nem változik. Például a gabona a földben elrothad és a külső formája teljesen eltűnik, a belsejéből azonban egy új hajtás csírázik. Az első tényező, a mibenlét – a bázisunk, a genetikai kódunk – kezdettől fogva bennünk található, ezért egyértelmű, hogy képtelenek vagyunk megváltoztatni és hatással lenni rá.

2. A megváltoztathatatlan tulajdonságok

A mibenlét (vagy nevezzük „esszenciának") fejlődésének a törvényei – ha a mibenlétet, mint olyat, önmaga felől nézzük – sohasem változnak meg, és belőle erednek az adott dolog megváltoztathatatlan tulajdonságai. Mint ahogy, mondjuk, a búzaszem soha nem fog a búzán kívül másféle gabonát – például zabot – teremni, csakis a korábban elveszített búzaformát.

Ezek a törvények és az ezekből eredő tulajdonságok a természet által már előre megadatottak. Minden mag, minden állat és minden ember magában hordozza a maga mibenlétének fejlődési törvényeit.

Tehát ez volna a második tényező, amelyből felépülünk, és amelyre nem tudunk hatással lenni.

3. A környezet hatása által megváltoztatható tulajdonságok

A mag megmarad ugyanazon fajtájú magnak, a külső formája azonban a külső környezet hatásának megfelelően változáson megy keresztül. Azaz a mibenlét „burkolata" a külső tényezők hatására megváltozik, és meghatározott törvények szerint minőségi változáson megy keresztül. Vagyis az történik, hogy a külső környezet hatására további tényezők adódnak hozzá az esszenciához, és alkotják meg vele együtt ugyanezen esszenciának egy új minőségi formáját. Ilyen tényező lehet a nap, a termőföld, a műtrágya, a páratartalom, a csapadék, stb. Ezek határozzák meg, hogy milyen nehézségekkel kell ennek az adott búzacsírának megküzdenie, illetve hogy milyen mennyiségben és minőségűvé fejlődjék.

Ugyanez történik az emberrel is: külső környezetként ott vannak a szülők, a nevelők, a barátok, a munkatársak, az elolvasott könyvek, a tömegkommunikáció által sulykolt üzenetek, és így tovább. Tehát a harmadik tényezőt azok a törvények képezik, amelyek mentén a környezet hatással van az emberre, és amelyek változást idéznek elő a megváltoztatható tulajdonságokban.

4. Az adott dologra hatással levő környezetben végbement változások

A környezet, amely hatással van a búza fejlődésére, szintén külső tényezők hatása alatt van. Ezek szélsőséges változásokat jelenthetnek: például aszály vagy árvíz alakulhat ki, amely az egész gabonaállomány pusztulásához vezethet. Az embernél ugyanezen negyedik tényezőt tulajdonképp magában a környezetben történt változások képezik, amelyek azon keresztül idéznek elő változást, hogy meghatározzák, a környezet milyenképpen legyen hatással az emberre, vagy még pontosabban, a megváltoztatható tulajdonságaira.

Így ez a négy tényező határozza meg minden létező dolog általános helyzetét. Ezek a tényezők határozzák meg a karakterünket, gondolkodásmódunkat és következtetéseinket, sőt még azt is, hogy mit akarjunk, és miként cselekedjünk az élet minden egyes pillanatában. Báál HáSzulám a „Szabadság" című értekezésében hosszasan tárgyalja ezek mindegyikét, és az alábbi következtetésekre jut:

> Az ember nem képes megváltoztatni a maga genetikai kódját – mibenlétét, esszenciáját.

> Az ember nem képes megváltoztatni azokat a törvényeket, amelyek mentén maga az esszenciája fejlődik.

> Az ember nem képes megváltoztatni azokat a törvényeket, amelyek szerint a külső tényezők hatással vannak a fejlődésére.

> Az adott környezetet, amelyben az ember él és amelytől teljes mértékben függ, az életcél eléréséhez valamely más, a fejlődése szempontjából jobb környezetre cserélheti.

Más szóval, közvetlenül nem vagyunk képesek hatással lenni önmagunkra, lévén hogy a saját mibenlétünket és azt, hogy az hogyan fejlődjék, nem mi határozzuk meg. A környezet bennünket érő hatásának törvényeit ugyancsak nem áll módunkban megváltoztatni. Ugyanakkor a környezetünk tökéletesítése révén hatással lehetünk az életünkre. Az egyedüli szabad választásunk a helyes környezet megválasztásában áll. Ha változást idézünk elő a bennünket érő külső feltételekben és jobbá tesszük a környezetünket, azzal megváltoztatjuk a környezet megváltoztatható tulajdonságainkra eső hatását. Így tudjuk meghatározni a jövőnket.

A természet összes szintje közül – élettelen anyagok, növények, állatok és ember – kizárólag az embernek adatott meg a lehetőség, hogy tudatos módon választhassa meg azt a környezetet, amely aztán meghatározza a vágyait, a gondolatait és a tetteit. Ennélfogva a korrekció folyamata az egyén környezettel való viszonyán alapszik. Így amennyiben majd magunkénak mondhatunk egy olyan környezetet, amely megfelelő teret biztosít a fejlődésünkhöz, csodálatos eredményeket leszünk képesek elérni a segítségével.

7. A szabad választás megvalósítása

Az embert alakító négy tényezőt összegezve azt látjuk, hogy az embert végeredményben két dolog irányítja. Az egyik a már születésünktől belénk plántált belső információhalmaz. A másik pedig mindazon információk együttese, amelyeket a környezetünkből szívunk magunkba az életünk folyamán.

Érdekes módon ennek kapcsán a tudomány ugyancsak hasonló következtetésekre jutott. A múlt század kilencvenes éveitől kezdett egyre nagyobb és nagyobb teret nyerni a fejlődésgenetika területe. Ez a terület a gének és az ember személyiségbéli, kognitív és viselkedésbeli tulajdonságai közti kapcsolat kutatásával foglalkozik; olyanokkal, mint az ingerlékenység, kalandvágy, szégyenlősség, agresszivitás és nemi vágy. E terület egyik legelső kutatója, Richard Abstein, a jeruzsálemi Herzog Pszichogeriátriai Kórház pszichológus professzora azt állítja, hogy tulajdonságainknak mintegy felét a gének határozzák meg, a többit pedig a környezet.

Miután a belső adatállományunkat nem vagyunk képesek megváltoztatni, így a fejlődésünket meghatározó másik tényezőhöz, a környezethez kell fordulnunk. Az egyedüli, amit tenni tudunk ahhoz, hogy közelebb kerüljünk az élet céljának megvalósításához, nem más, mint egy olyan környezetnek a megválasztása, amely ezen cél irányába nyom bennünket. Báál HáSzulám a „Szabadság" című írásában ezt a következőképpen magyarázza: „Aki az élete folyamán erőfeszítéseket tesz, és minden alkalommal jobb környezetet választ – nos, az dicséretet és jutalmat érdemel. Merthogy itt nem a jó gondolatai és a cselekedetei érdeméért – amelyek szükségszerűen, az ő választása nélkül esnek meg – jár neki a jutalom, hanem az ezen gondolatokat és tetteket szülő, jobb környezet eléréséért tett erőfeszítései érdeméért."

Aki az erejét a helyes fejlődéshez szükséges környezet kiválasztásába és megteremtésébe fekteti, az a környezet által képes valóra váltani a benne rejlő lehetőségeket. Bár ennek az alapelvnek a megértéséhez és megvalósításához magas tudatszintre van szükség, mindazonáltal napjainkra már sokan elértük ezt a szintet.

Ha a mások felé egoista hozzáállásunkat altruista viszonnyá szeretnénk változtatni, egy olyan állapothoz kell eljutnunk, ahol a másik boldogulása miatti aggódásunk és a hozzá való kötődésünk iránti vágyunk sokkalta nagyobb, mint bármely más egoista célra irányuló vágyunk. Ez csak akkor tud végbemenni, ha a bennünket körülölelő környezet az altruizmust teszi meg az értékskálája legmagasztosabb értékének.

Szociális és egoista lények vagyunk. Nincs számunkra fontosabb, mint hogy miként vélekedik rólunk a környezetünk. Gyakorlatilag az az életünk célja, hogy elismerésben és dicséretben részesüljünk a társadalom felől. Ahogy azt említettük, abszolút módon és akaratlanul a társadalmi megítélés vezérel bennünket, és mindent készek vagyunk megtenni az elismerés, a nagyra értékelés, a tisztelet és a hírnév érdekében. Ebből kifolyólag a társadalom a legkülönfélébb értékeket és viselkedésformákat – még a legelvontabbakat is – képes elültetni az emberbe.

A társadalom építi ki az önértékelés és önbecsülés mérésének kritériumait is. Ezért még ha egyedül vagyunk is, a társadalom értékei szerint cselekszünk. Azaz még ha mások nem is szereznek tudomást valamely tettünkről, a pozitív társadalmi elismerés vágyától hajtva mi azt akkor is végrehajtjuk.

Hogy nekikezdhessünk kialakítani magunkban azt a vágyat, hogy a másik embertárs boldogulását óhajtsuk, a köztünk levő köteléket egyazon rendszer tagjaiként elfogadva, ehhez egy támogató társadalommal kell körbevennünk magunkat. Ha majd a körülöttünk levők mindenekfeletti értékként fognak viszonyulni az altruizmushoz, mindegyikünk kénytelen lesz ennek megfelelően viselkedni.

Optimális esetben az ember környezete a következőt sugározza: „Hogy egyensúlyt érhess el a természettel, szépen kell viszonyulnod a másikhoz, az egyetlen rendszerhez, amelynek te magad is része vagy." Ha majd az altruizmus elismert értéknek számít a társadalomban, könnyen magunkba szívjuk azt. Ha majd mindenütt emlékeztetőkbe és az altruizmus jelentőségének elismerésébe botlunk, legyünk bárhol is, megváltozik az embertársaink felé való viszonyunk. Minél többet gondolunk rá, annál nagyobb lesz a vágyunk arra, hogy egészséges részekként viselkedjünk ezen az egyedülálló rendszeren belül.

Közvetlen módon nem vagyunk képesek változtatni magunkon, a környezet feljavításának a képessége azonban ott van a kezünkben. S erre csakugyan képesek vagyunk. Ha majd a környezet ránk eső hatása megváltozik, azzal együtt mi magunk is meg fogunk változni. Egyfajta daruként mindig a környezet emel fel bennünket a következő, magasabb szintre. Ezért, első lépésként mindegyikünk azt teheti, hogy elgondolkozik és megvizsgálja, milyen környezet volna a legmegfelelőbb a számára, hogy az életcélja felé tudjon haladni.

Ahogy azt a fentiekben már mondtuk, a gondolat ereje a létező legerősebb erő a természetben. Ezért ha ott van bennünk a vágy, hogy jobb környezetbe kerüljünk, a belső erőnk idővel csakugyan olyan emberekhez, tanítókhoz, könyvekhez, egyszóval környezethez fog elvezetni bennünket, ahol meglesz a lehetőségünk a fejlődésre. Így minél inkább a környezet tökéletesítésének a gondolatára fókuszálunk, és igyekszünk azt a mindennapi életünk során gyakorolni, mindig további és további lehetőségek nyílnak majd meg ennek a megvalósítására.

Ha majd a környezetünket olyan emberek alkotják, akik hozzánk hasonlóan szintén a természetteli egyensúly elérésére törekszenek, úgy tőlük példamutatást, buzdítást és megerősítést kaphatunk. Érteni fogják, hogy szeretettel akarunk feléjük viszonyulni, és meglesz annak a lehetősége, hogy ennek mikéntjét eltanuljuk. Így tanulja meg mindenki, mit jelent a természet erejéhez hasonló tulajdonságokkal bírni, és érezni fogja, mennyire jó magában a szeretetben létezni. Aki hasonul az altruista természet erejéhez, nem érez stresszt, ezért az ilyen környezetben védettnek, boldognak, örömtelinek és gondtalannak érezheti magát. Egy ilyen élet felé irányítja a természet az egész emberiséget.

A TERMÉSZET UTÁNZÁSA

Tulajdonképpen a többiek boldogulásáért való aggódás és az egy testként hozzákapcsolódás, illetve a társadalmi köztudat mindezekre ébresztése hozza el számunkra a természet szerető és adományozó tulajdonságához való hasonulásunk kezdetét.

Bár nyilvánvaló, hogy ez még nem az ego belső korrekciója, magának a folyamatnak azonban ez az első fázisa, melyben utánozzuk a természetet, akárcsak egy gyermek az apját. Noha a gyerek nem igazán érti, mit csinál az apja, mégis utánozza őt, mivel hasonlítani akar rá. A gyermek látja, miként veszi az apja kézbe a kalapácsot és üt rá vele a szegre, mire ő mindezt utánacsinálja a maga műanyag kalapácsával. Ennek köszönhetően fejlődik és jut el fokozatosan az apja értelmi szintjére. Ugyanígy van ez velünk is: utánozni próbáljuk a természet szerető és adományozó tulajdonságát, majd ez az utánzás szolgál a következő, felső szintként a számunkra, amelyet a bensőnkben is elérni vágyakozunk.

A többiek boldogulásáért való aggódás két fő késztetésből eredhet:

- Nagyrabecsülésben és elismerésben részesülni a társadalom felől.
- Valódi belső elismeréssel lenni az embertársi szeretet és adományozás tulajdonságának felsőbbrendűsége felé, az öncélú kapás tulajdonságával szemben.

A természet utánzása, ahogy egy gyermek utánozza az apját anélkül, hogy pontosan értené, az mit is csinál, a másik boldogulásáért való aggódás azon formáját jelenti, amelyet az első és nem a második késztetés által vezérelve hajtunk végre. Ez a fajta utánzás képviseli a fejlődési és növekedési mechanizmus alapját. A fejlődés lehetetlen nélküle.

Kezdetben azért fogunk aggódni a másik boldogulásáért, hogy az érte kapott társadalmi elismerésen keresztül élvezetet szerezzünk magunknak. Majd ezek után fokozatosan érezni kezdjük, hogy a másik iránti ilyen altruista viszony már önmagában különleges és magasztos dolog, függetlenül a vele járó társadalmi elismeréstől. Rá fogunk jönni, hogy a másik iránti altruista viszony korlátlan és tökéletes élvezetnek a forrása. Mindezt annak köszönhetően, hogy gyakorlatilag magának a természetnek az erejét, a tökéletes és határtalan erőt kezdjük el majd érezni.

Más szóval a természet erejének utánzására irányuló erőfeszítéseinknek az eredményeként kezdjük majd érezni, hogy már magában a természet tulajdonságaiban tökéletességre találunk. Ez az érzés belső változást fog előidézni bennünk: lassan-lassan érezni fogjuk, hogy a szeretet és adományozás magasztosabb és nemesebb az eredendően bennünk levő öncélú kapásnak a vágyánál. Így emelkedünk majd magasabbra arról a szintről, ahol teremtve lettünk, fel, magának a természet erejének a szintjére, és válunk majd a benne honoló harmóniának és teljességnek részévé. Efelé irányítja és vezeti az emberi nem egészét a természet fejlődési törvénye.

Új irány

Abban a pillanatban, hogy az ember kezdi egyensúlyba hozni magát a természet erejével, lecsökkenti a változás serkentése céljából ránehezedő nyomást, s ettől az életében megjelenő negatív jelenségek száma lecsökken.

Az igazat megvallva, a természet ereje felől semmiféle változásról nincs itt szó. Az ember az, aki megváltozik, és az énje megváltozásának eredményeként érzi azt, hogy a természet ereje változik. Ez amiatt van így, mert az ember olyan különleges formában épül fel, hogy a benne végbemenő változást külső változásnak éli meg. Ilyenképp észleli az ember a valóságot az érzékszervein és az agyán keresztül. Ennek a témának szenteljük majd „Az örökkévalóság és a teljesség valósága" című fejezetünket.

Ezzel együtt a természet ereje állandó és változatlan. Ha az ember százszázalékosan hasonlít a természet erejéhez, a teljesség érzése tölti ki; ha viszont százszázalékosan különbözik tőle, úgy azt érzi, hogy ez az erő teljes egészében ellene van, míg ezen két pólus között érzi a köztes állapotokat.

Ma a köztünk és a természet altruista ereje közt fennálló ellentét nem mondható abszolútnak és teljesnek, mivel az egónk még mindig nem érte el a maximális fejlődési szintet. Magyarán az életünkben megjelenő negatív jelenségek szintje még mindig nem éri el a maximumot. Az emberek egy része egyébként ezért nem érzi még mindig az egyént és a társadalmat nyomasztó globális válságot, és ezért nem gondolják, hogy a helyzetünk annyira rossz volna. Napról napra egyre nagyobb ego tárulkozik fel bennünk, amely csak növeli a köztünk és a természet közt fennálló ellentétet. Hogy az ezzel járó szenvedéseket ne kelljen átélnünk, még idejében változtatnunk kell a fejlődési irányunkon, és el kell kezdenünk az altruizmus tulajdonsága felé haladni.

Ha majd egyre több és több ember – az életét egyedüliként meghatározó lépésként – törődést mutat arra, hogy az ember és ember közötti kapcsolat kijavított formát öltsön, a kollektív törődés az egész társadalom részévé fog válni, és a közvélemény az összes többi emberre hatással lesz. A valamennyiünk közt fennálló belső kapcsolat folytán a világ minden embere, éljen akár a világ legelhagyatottabb részén is, azonnal érezni kezdi, hogy kapcsolat van közte és a többi ember között, sőt egymástól függnek.

Arra, hogy az egyik elemben lejátszódó változás a többi elemre is hatással van, a tudomány számos ága, különösképpen a kvantumfizika szolgál bizonyítékkal, ahogy arról prof. László Ervin *Káoszpont: válaszút előtt a világ* című könyvében olvashatunk.

Az általa leírt kísérletek azt mutatják, hogy a részecskék pontosan „tudják", mi történik a többi részecskével, lévén hogy a végbement változásokról szóló információ azonnali módon, minden távolságra „átadódik". Ma már közismert tény a fizikában, hogy a kvantumrészecskék – még ha időben és térben el is vannak egymástól különítve – állandó, kölcsönös kapcsolatban vannak egymással. Ez a jelenség az univerzum valamennyi szerkezetére jellemző, a legkisebbtől egész a legnagyobbig.

Ezért napjainkban, amikor a tudomány feltárja, hogy minden ott rejlik a génjeinkben és a környezet emberre eső hatásában, és sikerül ennek köszönhetően megszabadulnunk az illúziótól, hogy „én magam határozok, irányítok, vizsgálok és döntök", kifejezetten most kezd megnyílni a valódi szabadságnak a lehetősége. Megvan a lehetőségünk, hogy kitörjünk az egoizmus szolgasága alól, és magunkévá tegyük az altruizmus tulajdonságát egy olyan környezet megteremtésével, amely segít, hogy utánozzuk a természetet, akárcsak a felnőttől tanuló kisgyerek.

A legnagyobb kutatók mindig is tudták, hogy amint az ember okosabbá válik, feltárja, hogy micsoda bölcsesség és csoda rejlik a természetben. A felfedezéseink összességében arra döbbentenek rá bennünket, hogy mi pusztán a következményei vagyunk a lét halhatatlan bölcsességének, amely csak akkor tárulkozik fel a szemeink előtt, ha már érettek vagyunk hozzá és képesek vagyunk felfogni. Einstein például ezt a következőképpen fejezte ki:

„Az én vallásom a korlátlan, magasabb rendű szellemiség alázatos csodálatából áll, amelyből gyarló és esendő értelmünk csak egy töredéknyi részletet képes megismerni. A felfoghatatlan világegyetemből felénk táruló csodálatos értelmi erőnek a létébe vetett mély, ösztönös hit az, ami az én Isten-képemet megformázza" – a *New York Times* nekrológjából (1955. április 19.).

8. Készen állni az élet céljának megvalósítására

A nemzedékek fejlődése

A mai emberi társadalom egoista. Ugyanakkor mára már kellő olyan előkészülettel rendelkezik, amely kifejezetten azt hivatott segíteni, hogy altruistává válhasson. Tulajdonképpen a fejlődésnek, amin az emberiség a nemzedékek során egészen a napjainkig bezárólag végigment, kizárólag az volt a célja, hogy előkészítse az emberiséget ennek mai megvalósítására.

Báál HáSzulám írásában a következő leírást találjuk a nemzedékek fejlődéséről: „Csak a lelkek egy adott összessége jön és vándorol végig a forma-változás kerekén, merthogy minden alkalommal új testbe és új nemzedékbe öltöznek. Ezért a lelkek felől nézve az összes valaha élt nemzedék, a teremtés kezdetétől a kijavítás végéig bezárólag, egyetlen nemzedéknek számít, amelynek élete néhány ezer évre nyúlt ki, mígnem kifejlődött és korrekciójához érkezett, ahogy annak lennie kell."

A bennünk levő belső információ nemzedékről nemzedékre gyarapodott és fokozta a fejlődésünket. A sokéves fejlődés végeztével a beszélő szintnek, vagy más néven az embereknek, akit ezúttal a magyarázat kedvéért nevezünk „kijavított beszélőnek", egy új szintre kell felemelkednie. S hogy a nemzedékek fejlődésének lényegi voltát megértsük, a bennünk levő belső adathalmazt információs egységekhez fogjuk hasonlítani.

Ilyen információs egységek minden dologban fellelhetők. Ezek magukban foglalják az anyag belső információját. Tulajdonképpen mi egy olyan űrben élünk, ahol minden egyes elemről hallatlan mennyiségű információ létezik. Ezt az információs mezőt nevezik a „Természet Gondolatának", amelyben mi magunk is benne élünk. Mindenféle változás, történjék az bármely elemében is – mint az állandó igyekezet, megőrizni az éppen aktuális állapotát; az egyik állapotból a másikba való átmenet; továbbá a rá hatással levő erők, vagy azon erők, amelyeket ő maga fejt ki másokra; valamint a belső és külső változások, és így tovább – mind-mind az információs mezőben mennek végbe.

Az emberek minden korban keresték az egyensúly és a boldog élet fenntartásának a képletét. Azt a formulát, amellyel a természet nem ajándékozta meg őket. Ezen keresések további adatok formájában belevésődtek a bennük lévő információs egységekbe, aminek eredményeként aztán az információs egységek egyre kifinomultabbá váltak.

Mindaz a tudás és ismeretanyag, amit egy adott nemzedék során elsajátítunk, abbéli küzdelmünk nyomán, hogy jobban élhessünk és boldogulni tudjunk a környezetünkkel és a természettel, a következő nemzedékben már mint természetes hajlam jelenik meg. Az odáig felhalmozott tapasztalat egyfajta belső, nyers bölcsességgé válik, amely aztán az utána következő nemzedék életének már az alapját képezi. Ennélfogva minden nemzedék fejlettebb az őt megelőző nemzedéknél.

Közismert dolog, hogy a ifjú nemzedék mindig könnyebben boldogul a különféle újításokkal, mint az azt feltaláló idősebbek. A mai kisgyerekek például egész természetességgel veszik kézbe a mobiltelefonokat, elektronikus távirányítókat és ülnek oda a számítógépekhez. Néhány év elteltével már jobban tudják használni ezeket, mint saját szüleik.

S ilyen módon, az emberiség egésze nemzedékről nemzedékre egyre nagyobb életbölcsességre tesz szert és fejlődik tovább. A ma élő ember több ezer évnyi élettapasztalat bír. Erről Báál HáSzulám a következőket mondja:

„Az egyén véleménye olyan, akárcsak egy tükör, amelybe a jótékonyakkal együtt a kárt okozó tettek képei egyaránt befogadtatást nyernek. Ám amikor az ember szemügyre veszi ezeket a kísérleteket, kiválasztja belőlük az előnnyel járó pozitívakat, és elveti a számára kárt hozó tetteket (amit agyi emlékezetnek neveznek).

Mint ahogy például egy kereskedő fejben (az agyi emlékezetében) tartja mindazon árukat, amelyekből vesztesége származott és azoknak okát; illetve ehhez hasonlóan, a legkülönfélébb olyan árukat, amelyek nyereséget hoztak a számára és ezeknek okát. Ezek mintegy a kísérletek egyfajta tükörképei rendeződnek el az agyában, melyek után aztán megy és kiválasztja a nyereséget hozókat és elveti a kárral járókat, mígnem így jó és sikeres kereskedővé válik. S így megy ez minden embernél az élet történései során. Ehhez hasonlóan, a lakosság közös aggyal és agyi emlékezettel és közös képekkel bír. Itt vésődnek be a lakosság és a köz viszonyában végrehajtott tettek."

A bennünk levő információs egységeknek a fejlődése vezetett el bennünket a tudatosultságnak egy olyan szintjére, ahol már mi magunk is kezdjük érezni, mennyire szemben állunk a természet erejével: készek vagyunk meghallani, miért is lettünk olyannak teremtve, amilyenek vagyunk; s már képesek vagyunk megérteni, mi is az a cél, ahová el kell hogy jussunk.

A sokunk kebelében ott tátongó benső üresség mára már nem a véletlen szüleménye, hanem egy új vágy létrejöttének a folyamodványa – a vágyé, hogy a létnek egy új szintjére, „a kijavított beszélő" szintjére emelkedhessünk fel. Az emberiség fejlődésé során ezzel érkeztünk el ahhoz a szakaszhoz, amikortól már tudatosan haladhatunk előre az élet céljának a megvalósítása felé.

A társadalom hozzáállása az altruizmushoz

Egy altruista társadalom felépítésének a folyamata széles társadalmi támogatottságot fog élvezni, lévén hogy valamennyien szívesen gondoljuk magunkról azt, hogy jó emberek vagyunk, aki osztozik a másik fájdalmában, és igyekszik hozzájárulni a társadalom jobbá tételéhez. Bár látszólag semmi sem gátolja az embert abban, hogy nyíltan kimondja: „Igen, egoista vagyok és nem áll érdekemben, hogy bárkire is figyelemmel legyek!" Ám mégis, az egoizmusával egyikünk sem büszkélkedik.

A társadalom természetes módon nagyra értékeli a közreműködőket. Ezért minden ember igyekszik ilyennek látszani. Minden ember, társadalom, politikus vagy kormány igyekszik altruistaként feltüntetni magát. Sőt mi több, nincs olyan, aki arra buzdítaná a másikat, hogy önző módon viselkedjék, mert úgy saját maga veszítene emiatt. Ezért még a legegoistábbak is altruistaként tüntetik fel magukat. S nemcsak azért, hogy a társadalom elismerje és nagyra értékelje őket, hanem mert érdekükben áll, hogy mindenki önzetlen módon viszonyuljon hozzájuk.

Habár vannak olyanok, akik nyíltan hangoztatják magukról: ők egoisták; ezzel azonban messze nem azt akarják mondani, hogy „büszke vagyok arra, hogy kárt okozok a társadalomnak", hanem hogy „gyerünk, vegyetek észre, én különleges vagyok". Vagyis ezzel a társadalom figyelmét akarják magukra vonzani.

Ebből következőleg senki sem tud majd nyíltan ellenállni az altruizmus elterjedésének. Bár lesznek olyanok, akik nagymértékben támogatják majd az altruizmust és lesznek, akik kevésbé, azonban szembeszegülni vele senki sem lesz képes. A bensőnkben, legbelül, mindannyian érezzük, hogy az egoizmus az, ami mindent elpusztít, szemben az altruizmussal, amely viszont életet és életerőt ad. Ez az oka annak, hogy a gyermekeinket – dacára annak, hogy mi magunk egoisták vagyunk – arra neveljük, hogy szépen viszonyuljanak a társaikhoz.

GYERMEKEINK NEVELÉSE

A jövő nemzedékének a nevelése mindig, minden korban altruista értékekre épült. Mindannyian igyekszünk a gyermekünket, amennyire csak lehet, jó eszközökkel ellátni az életben boldoguláshoz. Ezért intuitív módon arra neveljük őket, hogy altruisták legyenek.

Egy szülő arra neveli a gyermekeit, hogy azok szépen viszonyuljanak a társaikhoz, ugyanis tudat alatt jól tudja, hogy a többiek rosszra való kihasználása végül magára az adott emberre száll vissza és neki okoz kárt. A gyermekeinknek biztonságot akarunk ajándékozni, és érezzük, hogy ebben csakis az altruista neveltetésmóddal járhatunk sikerrel. Az ember biztonsága nem önmagán, hanem a környezeten múlik. S a környezet annak megfelelően viszonyul az emberhez, ahogy maga az ember viszonyul a környezethez. Az összes kár, ami csak éri az embert, a környezet felől érkezik, de ha mindezt szem előtt tartjuk, nagyban csökkenthetjük a kárnak az esélyét.

Minden társadalom, az összes országban, valamennyi korszakban altruista alapokat igyekezett adni a gyermekeinek. Csak az egészen nagy hatalommal rendelkezők – mint például egy király vagy uralkodó, akinek egy egész hadsereg állt a rendelkezésére – engedhették meg maguknak, hogy a fiukat kegyetlennek, szűkmarkúnak, hajthatatlannak és könyörtelennek neveljék. Ám az ilyen emberek gyermekeinek igen erős védelemre lesz szükségük a túléléshez. Mindenki mással szemben őrt kell majd hogy álljanak és katonai erőt kell hogy alkalmazzanak. Még ha nem is akarnak ártani neki, hatalmi erő bevetése nélkül nem lesz képes véghezvinni a gonosz terveit.

A másikhoz való jó viszony a biztonság, békesség és nyugalom érzését kölcsönzi az embernek, melynél nincs erősebb. Ez az oka, amiért a kisgyerekeket erre igyekszünk nevelni. Ők azonban – és ez itt a kiemelendő pont – idővel észreveszik, hogy mi magunk nem igazán eszerint viszonyulunk a másikhoz, és így hozzánk hasonlóan egoistákká válnak.

A helyes nevelés példamutatáson alapszik. Ám vajon csakugyan példát mutatunk a gyermekeinknek az embertársainkhoz való altruista viszonyulásban? Mi magunk nem így viselkedünk, dacára annak, hogy őket már kiskoruktól erre neveljük. Egy gyerek, aki azt látja, hogy a szülei nem úgy viselkednek, ahogy őt magát pedig viselkedni tanítják, érzi, hogy a szavaik üresek, és hogy hamisságról van szó. Még akkor is, ha újra meg újra elmagyarázzuk neki, mit érdemes tennie, hogyan kell hogy beszéljen és viselkedjen, semmi haszna nem lesz a dolognak.

A ma ránk nehezedő válság és a jövőnket beárnyékoló veszély változtatásra kényszerít bennünket. Ez idáig tudattalanul, s általánosságban véve személyes példamutatás nélkül neveltük a gyermekeinket. Mostantól már nincs más választásunk, változtatnunk kell a többi ember iránti egoista viszonyulásunkon.

Ha majd egyre több és több ember így viselkedik, a gyermekeink egy megújult világba fognak beleszületni. Egészen könnyedén képesek lesznek felfogni azt, ami nekünk még nehézséget okozott – azazhogy egyazon egyedüli rendszer elemei vagyunk, s ennek megfelelően a köztünk levő viszony altruista alapú kell hogy legyen. Valóban ez a legjobb, amit tehetünk a gyerekeinkért és magunkért.

Egoisták és altruisták

Egyes emberekben megvan az a természetes hajlam, hogy segítsenek az embertársaiknak. Ez egy további előkészület az emberiség kijavításának folyamatához. A beleérző-képesség általában eszközként szolgál számunkra ahhoz, hogy még nagyobb élvezetet szerezhessünk másokkal való kapcsolatunkból, közvetlenül vagy közvetett módon. Vannak azonban olyanok, akiknél ez a képesség a szokásostól eltérő módon jut kifejeződésre; a másik fájdalmát úgy érzékelik, mintha az övék volna. Ez az érzés fájdalmat ébreszt az egójában. Hogy ezt a fájdalmat elkerülje, saját érdekében arra kényszerül, hogy segítsen a másiknak.

Az emberek többsége „normális" egoista, azaz érzéketlen mások fájdalmára. Néhányan viszont „altruista, önzetlen" egoisták, azaz olyanok, akik a másik fájdalmát a sajátjuknak érzik. Az egyszerűség kedvéért az első csoportot egoistáknak, a másodikat pedig altruistáknak nevezzük, dacára annak, hogy mindketten egoisták.

Az egoisták nem éreznek fájdalmat embertársuk szenvedése miatt. Ezért aztán a kényük-kedvük szerint ki is használják a másikat. Mígnem ezzel szemben az altruisták szenvedésként élik meg, ha a másiknak fáj valami. Ezért minden szavukra odafigyelnek, nehogy még csak véletlenül is megbántsák a másikat. Mindazonáltal a maguk hajlamát mindketten a természettől kapták. Ezért, „jó" vagy „rossz" emberekről itt nem beszélhetünk, hisz pusztán a természet parancsát hajtják végre.

Ahogy ezt a már fentebb említett professzor Abstein és egyéb más kutatói csoportok találták, bizonyos génszekvencia megváltoztatásával befolyásolni lehet az embereknél, hogy mennyire akarjanak másokkal jót tenni. Feltételezésük szerint az altruista viselkedés azonnali jutalmazást vált ki a jótevőnél – mégpedig azáltal, hogy az agyában dopamin néven ismert kémiai anyag szabadul fel, amely kellemes érzést vált ki.

Báál HáSzulám *Az utolsó nemzedék* című írásgyűjteményében, amely a Kabbala Bölcseletének társadalomra vonatkozó tanítását tekinti át és a jövőbeni kijavított társadalom képét rajzolja le, azt magyarázza, hogy a világ összlakosságának mintegy tíz százaléka „altruista egoista". S így, az emberiségen belül az egoisták aránya mindenkor mintegy kilencven százalékot tesz ki, szemben az altruisták mintegy tíz százalékos lakosságon belüli arányával.

Az altruisták odaadással gondoskodnak a társadalmi jólétről, a kölcsönös segítségnyújtás biztosításáról, illetve a szegényeknek és rászorulónak nyújtott jótékonysági akciókról, stb. Az altruisták gyakorlatilag kezükbe veszik az olyan esetek és szituációk kezelését, amelyeket a társadalom – odafigyelés és a többiek problémája felé mutatandó empátia hiányában – nem kezel.

Az altruista szervezetek hatalmas összegeket és rengeteg erőt ölnek bele a különféle akciókba. Az esetek többségében azonban a rászorulóknak nyújtott segítség nem hoz lényegi változást a helyzetükben. Ennek egyik példáját Afrikában láthatjuk. A múltban, mielőtt még a Nyugat beleavatkozott volna az életükbe, az afrikaiak ellátták saját magukat. Ezzel szemben ma, dacára az élelemnek és víznek, amit kapnak, az emberek éheznek. A megsegítésükre összegyűjtött óriási pénzösszegek mit sem változtatnak a helyzetükön. Örökös küzdelemben élnek, és a helyzetük évről évre csak tovább rosszabbodik.

Az altruista szervezetek már szinte mindent megpróbáltak megtenni azért, hogy javítsanak a világ helyzetén. A különféle erőfeszítéseik ellenére azonban a helyzet csak egyre súlyosbodik. Habár lehet ezt folytatni, és továbbra is úgy tenni, akárcsak a múltban, ám mégis bölcs volna megállni egy pillanatra és feltenni magunknak a kérdést, vajon miért nem járunk sikerrel, és vajon hol tévedünk.

A dolog abban összegezhető, hogy a világ összes problémája – ideértve az egyéni problémákat éppúgy, mint a társadalom egészének problémáit – mind a természetteli egyensúlytalanságnak a végkövetkezménye – ahogy azt magyaráztuk. Ennek megfelelően, az anyagi síkon nyújtott támogatás noha rövid távon még jó lehet, hosszú távon már nem jár tényleges előnnyel, mivelhogy az embert nem vitte közelebb az egyensúly irányába, és így nem oldotta meg gyökerétől a problémát.

Természetesen ha valakinek egy falat kenyérre sem telik, annak gondoskodnunk kell az élelmezéséről. Ugyanakkor, mihelyst segítettünk neki talpra állni, a létfeltételhez szükséges dolgok biztosítását követően kötelességünk az élet céljának tudatosítása felől gondoskodnunk.

Ha pozitív változást akarunk véghezvinni a világ és a magunk sorsának alakulásában, újra felül kell hogy vizsgáljuk az altruista tettnek mint olyannak a definícióját. A tetteket az emberiség helyzetének tényleges javulásáért és az emberi szenvedés végleges megszüntetéséért tett összhozzájárulásuk mértéke szerint kell mérnünk.

Napjainkban, ha valamely tett nem a bajok gyökerének a kezelésére irányul, nem lehetünk elégedettek; ugyanis az csak késlelteti a betegség kirobbanását, ami aztán sokkalta komolyabb következményeket szül. Ahhoz a beteghez hasonlíthatjuk ezt, aki megelégszik a fájdalomcsillapítóval, nem keresi és kezeli a betegség gyökerét, miközben a betegsége egyre csak súlyosbodik, majd végül teljesen elhatalmasodik rajta.

Egy tett csak akkor minősül altruista tettnek, amennyiben a szándék az volt, hogy az az embert a természet egyetemes törvényével, az altruizmus törvényével való egyensúlyi állapotra juttassa el; csakis abban az esetben, ha minden korábbinál magasabb szinten ráébreszti az ember tudatát arra, hogy mindannyian egyazon rendszernek, egyazon testnek vagyunk az elemei, beleértve az összes embert, bárki is legyen az, mindenfajta nemzeti vagy faji hovatartozásra való tekintet nélkül. Csakis azokat a tetteket nevezhetjük altruista tetteknek, amelyek közelebb viszik az embert ennek a megértéséhez és a másikakhoz való ilyetén viszonyhoz.

Nem arról van itt szó, hogy ösztönösen segítünk ilyen vagy olyan bajba jutottnak, hanem arról, hogy átlátjuk az égető szükségét, hogy mielőbb elvezessük az emberiség egészét a természetteli egyensúly állapotára – a gyengéket és az erőseket egyaránt.

Ezért az altruista jó szándékot, elszántságot és energiát főként abba az irányba kell terelni, hogy fokozódjon az emberiség problémák iránti tudatossága. Ilyen módon a társadalom tíz százalékát kitevő altruisták segítségét (akik maguk természetes késztetést éreznek az adakozásra) bölcs módon ki lehet használni, és a bennünk rejlő csodálatos lehetőségeket megvalósítani.

Ez a kilencven százalék egoista és tíz százalék altruista felosztás nemcsak az emberiségnél, hanem külön-külön minden egyes embernél tetten érhető. Az elv, miszerint „az egyetemes egész és egyén egyenlőek" egyike a lét legfőbb törvényeinek. Ami annyit jelent, hogy mindaz, ami megtalálható a köz egészénél, megtalálható az egyénben is.

Az univerzum holografikus, ahogy azt az amerikai tudós, Michael Talbot a témában elvégzett tudományos felfedezéseket összegyűjtve demonstrálja *A holografikus világegyetem* című könyvében. Báál HáSzulám ugyanezt a következő szavakkal írja le: „Egyetemes egész és egyén kölcsönösen egyenlőek egymással, akárcsak két vízcsepp, mind a világ külsőségében, azaz a bolygók egészének állapotát nézve, mind pedig annak bensőségében. Mert akár csak a legkisebb vízmolekulában is ott találjuk a körpályán futó Napnak és bolygóknak a teljes rendszerét csakúgy, mint a nagy világban."

Ez a törvényszerűség arra mutat rá, hogy minden ember – legyen egoista vagy altruista – tíz százalékban altruista erőket és kilencven százalékban egoista erőket foglal magában, ahhoz hasonlóan, ahogy maga az emberiség egésze osztódik fel. Az emberek közti különbséget ezen erőknek az egyénen belüli viszonya határozza meg. Az altruistánál az (egoista) adományozás ereje aktívan él és érződik, szemben az egoistával, akinél ez csak látensen van jelen, mindazonáltal az adományozás alapja minden emberben megtalálható. Ebből következőleg nincs olyan ember a Föld kerekén, akiben ne lenne meg a képesség, hogy egyensúlyba kerüljön a természetben uralkodó altruista erővel. E célból lettek már eredendően belénk plántálva ezek az erők.

9. Az örökkévalóság
és a teljesség valósága

„Amerre a gondolata, ott van az ember."

(Báál Sém Tov)

A valóság észlelése

Aki nekilát megvalósítani az idáig írtakat – azaz elgondolkozik azon, hogy ő is része ama egyedüli rendszernek, amely az összes létező embert magában foglalja, az erről szóló ismeretet továbbadja másoknak, és támogató környezetet épít ki maga körül –, fokozatosan egy valódi, erős és kiforrott vágyat kezd kifejleszteni magában a természet altruista tulajdonságának megszerzése után. Az ehhez vezető út kalandos, amely a rajta menetelők életét mély tartalommal, értelemmel és példátlan elégedettséggel telivé változtatja. Ahogy kiépül az emberben az altruizmus utáni teljes vágy, az ember előtt egy új valóság nyílik meg.

Még mielőtt bemutatnánk ezt a valóságot, és képet adnánk arról, mit is érez az ezt érzékelő ember, le kell hogy tisztázzuk, mit is jelent a „valóság", és milyen módon is „észleljük ezt a valóságot". Látszólag feleslegesnek és értelmetlennek tűnhetnek ezek a kérdések. Mert hisz ki ne tudná, mi is az a valóság? Valóság, ami a szemünk által látható –

a bennünket körülvevő falak, házak, emberek, az univerzum egésze. Valóság, amit kitapinthatunk, megérinthetünk, hallhatunk, megízlelhetünk és megszagolhatunk. Ez a valóság.

Nos, a dolgok nem annyira egyszerűek, mint amilyennek látszanak. A történelem során az emberiség legnagyobb elméi szentelték energiájukat ennek a témának. Az idők során a tudomány megközelítése arra vonatkozólag, hogy miként is észleljük a körülöttünk levő valóságot, számos főbb fejlődési fázison ment keresztül.

A newtoni klasszikus megközelítés szerint a világ az embertől teljesen függetlenül létezik és áll fenn. Egyáltalán nem számít, hogy az ember észleli-e a világot avagy sem (azaz nem számít, hogy az ember él-e és itt van-e a világban avagy sem) – a világ létezik és a formája állandó.

Majd a későbbiekben a természettudományi kutatások terén végbement fejlődés lehetővé tette az emberén kívül a más élőlények érzékszervein keresztül befogadott világ-kép vizsgálatát is. Kiderült, hogy a különböző élőlények más-más formában észlelik a világot; például a méhek által észlelt világ-kép a szemüket alkotó nagyszámú egység mindegyikében kirajzolódott más-más nézetnek az összegződése. A kutyák viszont többnyire „szag-foltok" formájában észlelik a világot.

Majd a későbbiekben Einstein felfedezte, hogy a szemlélő sebességének a változása (avagy a szemlélt tárgyé) egy teljesen különböző valóságlátást eredményez a tér és idő tengelyén. Például tegyük fel, hogy egy rúd mozog a térben. Mi történik, ha nagyobb sebességű mozgást idézünk elő nála? Newton szerint, függetlenül a rúd sebességétől, a rúd hossza mindig állandó méretűnek fog látszani a szemlélő szemében. Míg Einstein szerint a sebesség növekedésével a rúd fokozatosan egyre rövidebbnek fog látszani.

Ebből a két felfedezésből aztán egy olyan előrehaladottabb megközelítés fejlődött ki, amely azt állította, hogy a világ-kép a szemlélőn múlik. A más-más tulajdonsággal és érzékszervvel rendelkezők egymástól eltérő világot észlelnek. S hasonlóképp, a más-más mozgás állapotában lévő szemlélők más-más képet észlelnek.

Az 1930-as években a kvantumfizika forradalmat indított el a világ tudományában. A kvantumfizika meghatározása szerint az ember hatással van az általa szemlélt történésre. Ennek megfelelően az egyedüli kérdés, amit a kutató feltehet, az az, hogy mit mutatnak a mérőeszközei. Így tehát nincs értelme megpróbálni és azt kutatni, hogy úgymond milyen objektív folyamat ment végbe, vagy hogy milyen is az objektív valóság, amikor az csak önmagában van.

A kvantumfizika, illetve az egyéb más kutatási területek feltárásainak nyomán fejlődött ki a valóságszemlélet modern tudományos megközelítése: az ember hatással van a világra, és ennek eredményeként hatással van az általa befogadott képre. A világról alkotott kép a szemlélő és az általa szemlélt tárgy tulajdonságainak egyfajta kombinációja.

„AZ EMBER SAJÁT MAGÁBAN, BELÜL ÉL"

A Kabbala Bölcseletének feltárása napjainkban egy még további lépéssel visz bennünket előre. A kabbalisták már évezredekkel ezelőtt feltárták, hogy a világnak tulajdonképpen nincs semmi képe. A „világ" egy olyan jelenség, amely az ember és a tőle kívülre levő egyetemes és elvont erőnek, a természet erejének tulajdonságai közti hasonulás mértékét tükrözi.

Ahogy azt említettük, a természet erejének tulajdonsága az abszolút altruizmus tulajdonsága, és az ember és a tőle kívülre levő természet erejének tulajdonságai közti egyezőség vagy nem egyezőség az, ami mint „világ-kép" rajzolódik ki az ember előtt. Következésképp a bennünket körülölelő valóságnak a képe teljességgel a mi belső tulajdonságainknak a függvénye, amelyet így mi a végletekig menően meg tudunk változtatni.

Hogy könnyebben megérthessük, miként is észleli az ember a valóságot, hasonlítsuk őt egy olyan zárt dobozhoz, amelynek öt nyílása van: szemek, fülek, orr, száj és kezek. Általánosságban véve ezen testrészek képviselik az öt érzékünket: látás, hallás, szaglás, ízlelés és tapintás. A dobozon belül rajzolódik ki a bennünket körülölelő valóságnak a képe.

Például vizsgáljuk csak meg a hallás mechanizmusát. A dobhártyához érő hanghullámok rezgést keltenek a dobhártya felszínén, amelynek hatására a hallócsontocskák rezegni kezdenek. Majd a rezgések ingerületté alakulnak át, és ezen elektromos jeleket a hallóideg az agy hallóközpontjába közvetíti, ahol aztán azok hangokká és különféle zörejekké fordítódnak. Valamennyi mérésünk a dobhártyától indulva belülre megy végbe; s az összes többi érzékszervünk ehhez hasonlóan működik.

Tulajdonképp mi a bennünk keletkezett belső válaszreakciót mérjük, nem pedig azt, ami kívül található. A hangintervallum, amit befogadunk, és a képek, amiket látunk, és így tovább, mind az érzékszerveink befogadóképességén múlik. Mi „a magunk dobozában élünk bezárva", és ezért soha nem tudjuk, mi is történik igazán rajtunk kívül.

Az érzékszerveinkből érkező jelek az agyban található irányítóközpontba futnak be, és a befogadott információ ott kerül összehasonlításra a már az emlékezetünkben levő korábbi történések információjával. Az információ az agyban egyfajta képernyőre vetítődik ki, ezen jelenítődik meg az ember számára a látszólag előtte levő valóság. Így jön létre az emberben annak az érzése, hogy merre van és mit kell hogy tegyen (lásd a következő oldal ábráján).

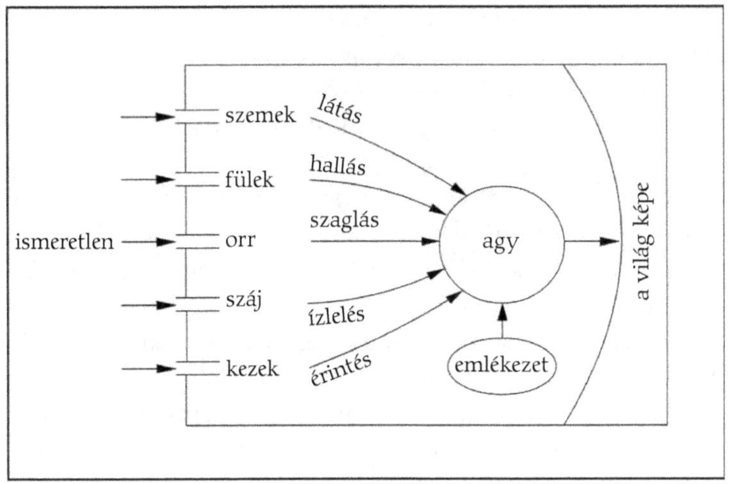

Ennek a folyamatnak a során az embert körülvevő „ismeretlen" mintegy ismertté válik, és így jön létre az emberen belül a „ rajta kívül levő valóság" képe. Tulajdonképp ez nem a külső valóságnak, hanem pusztán csak a belső valóságnak a képe.

Ezeket a dolgokat Báál HáSzulám a következőképpen írja le: „Mert itt van például a látóérzékelésünk. Amikor egy nagy, óriási világot látunk magunk előtt, annak csodálatos teljességében, valójában mindazt, amit látunk, pusztán a saját bensőnkben látjuk, azazhogy az agyunk nyakszirtlebenyében, ahol egyfajta fényképezőgépet találunk, amely csak azt jeleníti meg nekünk, ami látható a számunkra, mindabból azonban, ami rajtunk kívül van, semmit." Azt magyarázza, hogy az agyunkon belül egyfajta „finomra csiszolt tükör található, amely mindazt, ami látható a számunkra, a visszájára fordítja, hogy azt az agyunkon kívül, kintről láthassuk." (Bevezetés a Zohár Könyvébe, 34. pont)

A valóság-kép tehát az ember érzékszervei felépítésének és az agyában található előinformációnak a következzménye. Ha az embernek más érzékei volnának, úgy teljesen más kép rajzolódna ki benne. Lehetséges, hogy ami most fénynek látszik, azt sötétként látná, vagy valami teljesen másnak. Olyannak, amit most még csak elképzelni sem tud.

Ennek kapcsán érdemes megjegyezni, hogy a tudomány már évekkel ezelőtt feltárta, hogy az ember agyában létrehozhatók olyan elektromos ingerek, amelyek az emlékezetben tárolt információval kombinálva olyan érzést kölcsönöznek az embernek, mintha azok csakugyan valamely adott helyen vagy szituációban történnének.

Végezetül pedig, ma már megvan a képességünk arra, hogy az érzékszerveink működését mesterséges eszközök révén – mint például elektromos műszereken keresztül – felcseréljük. A halláshoz számtalan segédeszköz áll a rendelkezésünkre a nagyothallókat segítő hallókészülékektől kezdve, a teljesen süketek fülébe ültetett elektródákig. A mesterséges szem kifejlesztése ugyancsak útjára indult. Ez a szem az agyba ültetett elektródák révén a hangi információt képi információvá alakítja át, azaz a hangokat képekké formálja. A látás gyógyítása területén felmutatott további fejlesztés a szembe ültetett mikrokamera, amely a pupillán áthatoló fénysugarakat elektromos jelekre fordítja le. A jelek az agyba jutnak és ott képpé formálódnak.

Tulajdonképpen világos, hogy egy nap majd teljes befolyással bírunk ezen területek felett, és képesek leszünk szélesíteni érzékszerveink befogadó spektrumát, valamint mesterséges érzékszerveket, sőt akár egy egész testet alkotni. Mindazonáltal a befogadott világ-kép továbbra is ugyanúgy pusztán belső kép marad.

Következésképp mindaz, amit érzünk, azt kizárólag magunkban, belül érezzük. S ez nincs kapcsolatban a bennünket körülvevő világgal. Még csak azt sem tudjuk megmondani, vajon létezik-e rajtunk kívül valamely más valóság avagy sem. A „külső" világkép belül, bennünk található.

A természet programja

A természet vizsgálata egyértelműen rámutatott arra, hogy az élet keletkezésének és fennmaradásának alapvető feltétele, hogy a test minden sejtje és a szervezet valamennyi eleme a test vagy valamely adott szerv javát szolgálja. A mai emberi társadalomban az életünk nem eszerint működik. Innen jön a kérdés, hogy akkor hogyan tudunk egyáltalán létezni? Hisz ha az egoistaként viselkedő sejt rákosodást idéz elő, és a test egészének halálát okozza, akkor hogyan lehet, hogy mi ezen egyedüli rendszeren belül bár egoista elemekként viselkedünk, mindazonáltal mégis élünk?

Valóban, ilyenformán a jelen életünk egyáltalán nem definiálható „életnek". Tulajdonképpen az emberi lét – a természet többi más szintjétől eltérően – két szintre osztódik.

Az első szint az, amelyben most is élünk. Mindenki különállónak érzékeli magát a többiektől, és ezért nincs is másokra figyelemmel, de igyekszik őket a maga javára kihasználni.

A második az ún. kijavított, korrigált létezésnek a szintje, amelyben az emberek már mint egyazon rendszer elemei működnek, kölcsönös szeretetben, az örökkévalóság és teljesség érzésének állapotában.

A második szinten való létezést nevezzük „életnek". A jelenlegi létünk csak egy átmeneti fázis, amely lényegében azért van, hogy elvezessen bennünket odáig, hogy a saját erőnkből jussunk el ezen kijavított és örök létezésnek az állapotához – az „élethez". Ezért a kabbalisták, vagyis akik már átléptek erre a második szintre, a jelenlegi életünket képzelt életnek, **képzelt valóság**nak nevezik. A kijavított létet pedig valódi életnek vagy igaz valóságnak nevezik. Visszatekintvén a lét első szintjére, azt az „olyanok voltunk, mint az álmodozók" (Zsoltárok, 126:1) szavakkal írták le, vagyis álomhoz hasonlították.

Az igazi valóság kezdettől fogva el van előlünk rejtve. Azaz természetes módon nem vagyunk képesek érzékelni, lévén hogy az ember mind magát, mind pedig a világot a benne levő akaratnak, vágynak, belső tulajdonságainak a függvényében észleli. Ezért azt, hogy az összes ember egyként kapcsolódik egymásba, azért nem érezzük most, mert a kapcsolatoknak ezen képe taszító számunkra. A belénk ültetett önös érdekű élvezni akarásnak nem érdeke egy ilyen természetű kapcsolat, ezért az igazi valóság képének az észlelését ez nem teszi lehetővé.

Ahogy most is végtelen számú olyan részlet van, amit nem észlelünk. Az elménk és az agyunk a bennünk levő egoista vágyat szolgálják, és neki megfelelően működtetik az érzékszerveinket. Ezért nem is vagyunk képesek érzékelni az olyan dolgok létezését, amelyek az egoista vágyunk számára nem számítanak megszerzésre érdemesnek, jónak, vagy valamely olyan rossznak, amellyel szemben érdemes óvatosnak lennünk. Ha képesek vagyunk valamit érzékelni, azt mindig csak magunkhoz viszonyítva érzékeljük – csak ha az jó vagy rossz a számunkra. Ilyenképp, ennek figyelembevételével vannak az érzékszerveink programozva, és ennek megfelelően alakul a valóságészlelésünk is.

Ha szeretnénk helyesen magunk elé festeni ezt a képet, át kell hogy fordítsuk azt, és meg kell próbálnunk megérteni, miként is észleljük a valóságot az altruista vágyon keresztül. Képzeljük el, hogy kezdünk arra „áthangolódni", hogy azt, ami másoknak jó, érzékeljük. Egy ilyen helyzetben teljesen más dolgokat érzékelünk és észlelünk magunk körül, olyanokat, amelyek korábban nem léteztek a számunkra. S mindaz, amit korábban láttunk, teljesen másmilyennek fog látszani. Ezt az állapotot a kabbalisták a „fordított világot láttam" (Talmud Bávli, Pszáchim 50a) szavakkal írják le.

Ha majd új vágyat építünk ki magunkban – vágyat arra, hogy egészséges részként éljünk az emberiség egészén belül, vágyat arra, hogy hasonlóvá váljunk a természet altruista erejéhez –, az egy további, olyan újfajta érzékelés rendszerének a kezdetét fogja jelenteni, amelynek semmi köze a jelenlegi érzékelési rendszerünkhöz. Ezt a rendszert nevezzük „léleknek". A lelken keresztül az ember egy új világ-képet, a valódi-világ-képet fogja fel. Ebben a képben valamennyien egyazon test részeiként kapcsolódunk egymásba, végtelen gyönyörrel töltve.

Így ezek után fogalmazzuk újra és egészítsük ki az élet értelmének az emberek közti kapcsolatként definiált meghatározását: az élet értelme tehát nem más, mint felemelkedni a lét képzelt szintjéről a lét valódi szintjére, a tudatosság és az önismeret által vezérelve. El kell hogy jussunk abba az állapotba, amikor már nem aszerint látjuk magunkat és a világot, ahogy a jelen helyzetünkben történik, hanem ahogy az ténylegesen létezik, azok valódi formájában.

Más szóval az az állapot, amit most érzékelünk, az az egoista érző „eszközeinken" át megjelenő képzelt állapot. Ha az erőinket a kijavítás folyamatának előbbre vitelébe fektetjük, és magunkban valódi vágyat építünk ki az altruizmus iránt, az érző eszközeink altruistává változnak, és másképp fogjuk a helyzetünket érzékelni.

A valódi állapot örök állapot: valamennyien egyetlen rendszert alkotva kapcsolódunk egymásba. A benne levő öröm- és energiaáramlás véget nem érő. Ebben az állapotban a kölcsönös adás helyzete áll fenn, minek folytán a benne levő élvezet végtelen és teljes. Ezzel szemben a jelen állapotunk ideiglenes és korlátozott.

Az életünk mostani, ilyetén formájú érzékelése a végtelen állapotból a jelen állapothoz érkező apró életcseppből ered. Ez a csepp része a természet egyetemes altruista erejének, amely belehatol az egoista vágyainkba, és életben tartja azokat a köztük levő különbözőség ellenére. Ennek a cseppnek az a szerepe, hogy életben tartson bennünket a lét első szintjén, az anyagi szinten, egészen addig, mígnem már érezni kezdjük a tényleges, a spirituális valóságot.

Következésképp a jelen átmeneti életünk csak egy meghatározott időre adott ajándék ahhoz, hogy a valódi élethez való eljutás eszközeként használjuk. Ha ezt megtesszük, az életünk nem fog ebben az apró cseppben kimerülni, hanem a természet hatalmas erejének, a szeretet és adás erejének a teljessége fogja az életünk erejét jelenteni.

A spirituális valóság nem fizikai értelemben áll felettünk, hanem minőségi értelemben. Felemelkedés a fizikai valóságból a spirituális valóságba egyet jelent az ember vágyának az altruizmus tulajdonságához, a szeretet és adás tulajdonságához való felemelkedésével. Spiritualizmust érezni annyit jelent: érezni, hogy miként kapcsolódunk egymásba egyazon rendszer részeiként, érezni a természet felsőbb szintjét.

Az élet értelme felemelkedni a spirituális valósághoz, és érezni azt a fizikai valóság érzékelésével párhuzamosan, vagyis még azalatt, hogy itt ebben a világban, a fizikai testünkben élünk.

A természet programja alapján az emberiség eredendően olyannak lett teremtve, hogy csak az első, képzelt szintet legyen képes érzékelni, és így kellett fejlődnie az évezredek során. Ez idő alatt az emberiség olyan megfigyelésekre és élettapasztalatra tett szert, amelyek mára ahhoz a felismeréshez vezetik el, mely szerint a természetes egoista létezés nem hozhatja el számára a boldogságot, illetve hogy át kell váltania a kijavított, altruista létezés formájára.

Az egoista fejlődésben a gazdasági válság a lét két szintje közötti átjáró pontba helyez bennünket. Ezért napjainkra rendkívüli időként kell tekintenünk. A fejlődésünkben ez egy fordulópont. Átjáró egy tökéletes és örök lét felé, amelyet a természet már eredendően úgy tervezett meg, hogy az az emberi nem fejlődésének csúcspontja legyen.

Itt kell elmagyaráznunk, hogy azon élvezet, amely után ma vágyakozunk, teljesen eltér attól, amely a természet altruista tulajdonságát elért embert tölti ki.

Az élvezet, amely után ma vágyakozik az ember, abból ered, hogy az ember egyedülinek, különlegesnek és mindenek felettinek érzi magát. Az egoista vágy csak valamely hiánnyal szemben tud megtelítődni. **Szemben** valamely korábban létező hiányérzettel vagy **szemben** másokkal. Az ilyen élvezet megújulást követel, és azonnali módon, mivelhogy az élvezet amint kitölti a vágyat, egyben kioltja azt – ahogy ezt „Az élvezet határai" című fejezetben láttuk. S ennélfogva az élvezetet egészen rövid időn belül megszűnünk érezni. Amikor az ego egészen felerősödik, az ember odajut, hogy a kielégülést csak a másik kudarcában tudja meglelni.

Az altruista élvezet ezzel ellentétes. Az altruista élvezet nem másokkal **szemben** található bennünk, hanem **benne** a másik emberben. Bizonyos értelemben ezt az anya és gyermek viszonyával lehet példázni: az anya szereti a gyermekét, ezért szereti látni, ha a gyermeke örömét leli abban, amit ő ad neki. Az anya élvezete annál nagyobb és nagyobb, minél nagyobb a gyermeke öröme. Kifejezetten a gyermekéért tett fáradozásban érzi a minden másnál nagyobb örömet.

Természetesen ennek az érzésnek a megélése csak akkor lehetséges, ha szeretünk másokat, a nagysága pedig az irántuk érzett szeretet mértékén múlik. A szeretet tulajdonképpen készenlét arra, hogy a mások boldogulásáért aggódjunk, hogy szolgáljuk őket. Aki érzi, hogy mindannyian egyazon rendszernek a részei vagyunk, úgy az ebben a szolgálatban a maga szerepét, létét és jutalmát látja. Tehát ezen kétfajta élvezetszerzési mód között hatalmas különbség van.

Aki magáévá teszi az altruizmus tulajdonságát, annak „más szíve" és „más elméje" van. A vágyai és gondolatai igen eltérőek, és ebből kifolyólag a valóság észlelése is eltér a másokétól. A más iránti altruista viszonynak köszönhetően az ember kilép a maga „személyes burkából", kapcsolatba kerül „az egyetemes testtel", és attól életerőt nyer. Az egyedüli rendszer, amelynek mindannyian részei vagyunk, életre kel a számára, aminek eredményeként érzékelni kezdi az egyetemes természet örök életét, az energia és a végtelen élvezet áramlását, mely kitölti a rendszer egészét.

Az élet érzékelése nálunk két részből áll össze: értelemből és érzelemből. Amikor az ember érzi és érti a végtelen természetnek az érzéseit és elméjét, ő is belép, benne él és létezik, és nem érzi már többé átmeneti, véget érő dolognak az életét. Az örök élettel való egyesülés azt eredményezi, hogy ha az ember el is veszíti a biológiai testét, az életnek az érzékelése nem szűnik meg.

A biológiai testünk halála egyet jelent az anyagi valóságot észlelő rendszerünk működésének a leálltával. Az öt érzékszerv nem továbbítja az információt az agynak, az agy pedig nem vetíti ki tovább a fizikai világ-képét az agyban található „képernyőre". A spirituális valóság észlelésének rendszere nem áll kapcsolatban a fizikai világ szintjével. Ezért aztán onnantól, hogy az ember elérte a spirituális valóságot, a fizikai test halála után ugyanúgy továbbra is észlelni fogja a spirituális létet. Ha az ember a spirituális rendszerben való létét még a fizikai testének halálát megelőzően érzékelte, úgy ő a test halálát követően továbbra is megmarad ennek az érzékelésében. Ezt nevezzük úgy, hogy a lelkében él és létezik.

A különbség az élet mostani érzékelése, illetve azon érzékelés között, amelyet képesek vagyunk elérni, elmondhatatlanul óriási. Ennek valamiféle leírásához, összehasonlításként a Zohár Könyve a vékony gyertyafényt vagy az egészen apró szikrát állítja szembe a végtelen erősségű fénnyel, vagy a porszemet a világ egészével.

A szemek megnyílnak

Mielőtt befejeznénk ezt a fejezetet, álljunk meg egy rövid feladat erejéig. Képzeljük el, hogy egy sötét űrben vagyunk. Nem látunk, nem hallunk, nem érzünk, nem ízlelünk és nem tapintunk semmit. Képzeljük el, hogy egy ilyen helyzetben vagyunk olyannyira hosszú időn keresztül, hogy már arra sem emlékszünk, hogy vannak ilyen érzékeink. Idővel még azt is elfelejtjük, hogy egyáltalán léteznek ilyen érzések.

Hirtelen valami könnyed illatot kezdünk érezni. Az illat egyre erősebbé válik, és teljesen körülvesz bennünket. Nem tudunk rámutatni a pontos helyére. Majd hirtelen új illatok jelennek meg. Egy részük erőteljes, egy részük gyenge, egy részük édes, s egy részük savanykás. Ezen helyzetben az illatok használata révén tudunk tájékozódni a világban. Minden irányból más-más illatok érkeznek, és a követésük révén tudjuk a helyes irányt megtalálni.

S akkor, minden előzetes figyelmeztetés nélkül, az összes irányból különféle csengések és hangok kezdenek hallatszani. A hangok eltérőek és sokszínűek: egy részük zenének, egy részük szavaknak, és megint egy részük egyszerű zörejnek hallatszik. A hangok tovább növelik a térbeli orientációs készségünket. Jelen pillanatban képesek vagyunk bemérni a távolságokat és irányokat, és megállapítani az általunk észlelt illatok és hangok forráshelyét. Ezúttal már a hangok és illatok teljes világában vagyunk.

Egy idő után új érzésre lelünk, ha valami a bőrünkhöz ér. Röviddel ezután további dolgok érnek hozzánk: egy részük hideg, egy részük meleg, egy részük száraz, egy részük nedves, egy részük kemény, egy részük puha, és megint egy másik részük pedig... nehéz meghatározni. Amikor ezeknek egy része a szánkhoz ér, furcsaságot érzünk – ízük van. És így fedezzük fel a tapintás és az ízlelés érzékét.

Jelen pillanatban egy hangokkal, illatokkal és ízekkel teli világban élünk. Különféle tárgyakat tudunk megérinteni, és tanulmányozni tudjuk a környezetünket. Ki gondolta volna, hogy egy ilyen gazdag világ létezik körülöttünk, amikor még nem rendelkeztünk ezekkel az érzékekkel?

Ilyen a már vakon születettek világa. Ha a helyükben volnál, vajon szükséged volna a látás érzékére? Vajon a tudatában volnál egyáltalán, hogy nem rendelkezel ilyen érzékkel? Hát nem. Egyáltalán nem.

Bizonyos értelemben azt lehet mondani, hogy hasonló okból nem érzékeljük, hogy hiányában vagyunk a spirituális érzéknek, hogy hiányában vagyunk a léleknek. Úgy éljük le az életünket, hogy tudatában sem vagyunk annak, hogy létezik egy általunk nem érzékelt spirituális dimenzió is. Mindez nem hiányzik nekünk. A világ teljesen elégséges a számunkra. Nap nap után, évről évre, nemzedékről nemzedékre. Megszületünk, éljük az életünket, élvezzük azt, szenvedünk benne, és a végén meghalunk. S mindeközben nem érezzük, hogy létezik az életnek egy további dimenziója is, a spirituális életé.

Így is folytatódna a dolog vég nélkül, hacsak nem kezdene feltörni bennünk az üreségnek, az értelem és érdeklődés hiányának az érzése. A bennünk levő vágyak megvalósítása már nem elégít ki bennünket többé. Valami, akárhogy is, de hiányzik. Az élet, ahogy azt ismerjük, és mindaz, amit ajánl a számunkra, fokozatosan egyre kevésbé kielégítő a számunkra. Az igazság az, hogy minekutána a dolog igen lehangoló, jobban szeretjük inkább elnyomni az érzést. Mert hiszen mit is lehetne csinálni? Így él mindenki.

Ezek az érzések gyakorlatilag egy újfajta vágynak a felébredéséből erednek: élvezetre lelni valami magasztos, mindenek felett álló, előttünk ismeretlen forrásból eredő dologban. Ha meglesz bennünk a többletvágy, hogy megvalósítsuk ezt a most felébredő vágyunkat, rájövünk, hogy ez valami e világon túli dolog utáni vágy.

Az ilyen vágy sokunkban felébred, akárcsak az életünket kísérő egyre fokozódó üresség érzése, s ez gyakorlatilag egy olyan természetes folyamat eredménye, amely már előre része volt a természet programjának. Ez kelti bennünk azt az érzést, hogy létezik valami az ismerten túl, és ébreszt bennünk kíváncsiságot, hogy a keresésére induljunk. Amennyiben hagyjuk, hogy ez a vágy vezessen bennünket, és odafigyelünk arra, amit a szívünk hangja diktál, rá fogunk ismerni az igazi valóságra.

10. Egyensúly a természettel

E fejezet visszatekintve az idáig tárgyaltakra talán látszólag kissé marginális témával foglalkozik, ennek megtárgyalása azonban nagyban hozzásegíthet bennünket a korábbi fejezetekben tárgyaltak élesebb megvilágításához.

Tehát manapság, amikor az egyén és a társadalom megannyi problémába ütközik, a „vissza a természethez" jelenség egyre inkább terjed, és számtalan követőt gyűjt maga köré. Vannak, akik a változás egyik útját látják benne és remélik, hogy az életüket pozitív irányba változtatja meg. S itt merül fel a kérdés, vajon van-e kapcsolat a természethez való visszatérés és a természetteli egyensúly között? Vajon a természethez való visszatérés a segítségünkre van-e a természetteli egyensúly elérésében? Ilyen és egyéb más kérdésekre fog ez a fejezetünk fókuszálni.

A „vissza a természethez" idea egy olyan életről beszél, amelyben egészen természetes módon, harmóniában élünk a természettel, a korábbi nemzedékekhez hasonlóan. A „vissza a természethez" mellett érvelők többek között tiszta levegőt, organikus mezőgazdasági termékeket követelnek, egy részük elhagyja a várost és falvakba települ. Ennek a jelenségnek megannyi jellemzője van, és valamennyi azon az ideán alapszik, miszerint ha az ember közelebb lesz a természethez, úgy kiegyensúlyozottabbá válik, és jobban fogja magát érezni.

Ha kutatni kezdjük az antik törzsek életét, azt találjuk, hogy minél inkább közelebb volt az ember a természethez és a gyökereihez, annál könnyebben érezte a természetben uralkodó szeretetnek az erejét. Ennek kapcsán említeném meg a Jane Goodall antropológussal folytatott beszélgetésemet, aki az életét a csimpánzok kutatásának szentelte és hosszú éveken át a majmok társaságában élt. Az innen szerzett kutatási eredményeiért számos tudományos díjban és nemzetközi elismerésben részesült. Amikor arról kérdeztem, mi volt az a felfedezése, ami a legnagyobb hatást tette rá, azt felelte, hogy a természetben leélt hosszú évek után érezte a természet belső erejét, a szeretet erejét.

„Egy idő után – ahogy mondta – kezdtem érezni és hallani a természetet, és szeretetet éreztem. Éreztem, hogy nincs rossz erő, s hogy csakis a szeretet gondolata az, ami létezik." A hosszú, dzsungelben eltöltött évek és a csimpánzokkal való kapcsolat eredményeként Goodall kezdte érteni őket és az érzelmeiket. Arra jutott, hogy a majmok értik a természetet és megélik a benne levő szeretetet.

Habár ez a fajta élmény kellemes és egyben megindító, mi **nem** erről a fajta egyensúlyról beszéltünk ez idáig. A legemelkedettebb érzés, amit a természethez való visszatérés kölcsönözhet a napjaink emberének, az a természetben uralkodó szeretet erejének csak egy bizonyos és ideglenes érzékelése, csak egy kevés abból, amit minden állat érzékel. Holott a természet ennél jóval magasabb fejlődési szinteket tervezett az ember számára.

Nem véletlenül késztetett bennünket a természet arra, hogy jöjjünk ki a barlangokból és a dzsungelekből, és hozzuk létre az emberi társadalmat annak megannyi rendszerével. Méghozzá éppen az emberi társadalom szívében kell a szeretet és az adás törvényét megvalósítanunk – amelyet az elidegenedés és a másik ember elviselésének képtelensége jellemez –, és ehhez az egót mint egyfajta lendítőkereket használnunk. A természethez való visszatérés önmagában egy érdekes élmény lehet, ugyanakkor azon problémák gyökerének orvoslásában, amelyektől ma szenvedünk – az emberi szinten eluralkodott egyensúlytalanságban –, nem tud a segítségünkre lenni.

A természethez való visszatérést sok esetben a különféle hagyományos módszerek elemei kísérik. Mint például a jóga, tajcsi, különféle meditációk, és a többi. Itt kell elmagyaráznunk, hogy ezek a módszerek, amelyek relaxációt és a tökély állapotát ígérik, nem képesek közelebb vinni bennünket a természet céljának a megvalósítása felé, mivelhogy azok az ego visszaszorítására és elnyomására épülnek. Az ember egóját az emberi (beszélő) szintről az emberen belüli állati, növényi és mozdulatlan szintekre szorítják vissza, azaz az embert visszaviszik egy korábbi stádiumba.

Ezért ezek a módszerek szembe mennek azzal, amerre a természet vezet bennünket, nevezetesen, a jelenleginél magasabb szintre, az ún. „kijavított beszélő" szintjére emelni az embert.

A természet nem teszi lehetővé a számunkra, hogy kisebbé tegyük az egót. Ennek bizonyítéka, hogy még azokban a kultúrákban is, amelyekben egész a napjainkig képesek voltak alacsony szinten tartani, mint például Kínában vagy Indiában, szemmel láthatóan, ugrásszerűen magasabb szintre tört az ego. Az elmúlt évek során ők is csatlakoztak a gazdagság és befolyás utáni hajszához, és csúcssebességgel hozták be a több nemzedéknyi lemaradást.

A mára már a világ egészét elöntő óriási ego a „beszélő" szintre ért. S hogy képesek legyünk megküzdeni vele, az eddigiektől teljesen eltérő módszerre van szükségünk, olyanra, amely alapjaiban ellentétes az ego csökkentésére irányulóakkal. A Kabbala Bölcselete az egyedüli olyan módszer, amely az egót annak teljes volumenében felhasználja úgy, hogy mindeközben korrigálja a használatának **módját**.

Ma azzal a céllal tárulkozik fel, hogy a segítségünkre legyen valóra váltani a természet célját, és a létnek egy új szintjére emeljen fel bennünket.

A BESZÉLŐ SZINT EGYENSÚLYA

A magyarázat kedvéért, az ego beszélő szintről állati, növényi és mozdulatlan szintre történő lecsökkentését nevezzük csak egységesen „állati szinten fennálló egyensúlynak".

Az állati és a beszélő szinten fennálló egyensúly közti különbség a természetben meglevő szeretet erejének az érzésében jut kifejeződésre. Ahhoz, hogy az ember a beszélő szinten legyen képes egyensúlyra jutni a természettel, saját magát kell kutatnia, fel kell fednie, merre is vezetik őt, milyen fejlődési folyamatnak részese ő maga és az emberiség egésze, mivel kezdődik, mivel ér véget, s mi a célja ennek a folyamatnak. Az ember önnönmagának ezen kutatása nélkül – amelynek során az ember a fejlődési fázisok valamennyi fázisát megéli – lehetetlen beteljesíteni a természet gondolatát.

Ezen kutatás vezeti el az embert a beszélő szinten fennálló egyensúlyra a természettel, azaz felemeli az embert „a kijavított beszélőnek" a szintjére. Ezen a szinten az ember az idő, tér és mozgás korlátai fölé emelkedik, és érzékeli a lét teljes áramlását.

A folyamat kezdete és vége egyként fonódnak egymásba, és az ember érzékeli, miként jelenik meg benne fokozatosan a folyamat valamennyi fázisa. Mindezt csak azért, hogy lássa és értse, mennyire csodálatos harmóniával fonódnak egymásba, vannak egymás függésében és vannak egymásra hatással. Ezzel zárja le az ember a fejlődés körforgását, s nem lát már „kezdetet" vagy „véget" az idő, hely és a folyamat viszonyában; feltárja, hogy minden már eleve benne volt a természet programjában.

A természet gondolatának elérése egy magasabb dimenziójú léthez emeli fel az embert, amely teljességet, örökkévalóságot és véget nem érő élvezetet kölcsönöz neki. Az ember világa nem a testben található, hanem ott, ahol az „énje" létezik. Ezért ha az ember egy teljesen másik valóságot észlel – örökkévalót, teljeset –, úgy ő maga is ott található.

A természet gondolatának elérése nem valamely kellemesebb érzésben összegződik, hanem abban, hogy az ember – akárcsak a természet maga – örökkévalónak és teljesnek érzi magát. Csakis ebben az állapotban, azaz a tökéletes beteljesítésnek, a kijavított beszélőnek a szintjén lehet ténylegesen érezni, hogy miért mondják, akik elérték a természet erejét, hogy az „jó és jótevő".

Noha a természetet mint „jó és jótevő" az is képes lehet érzékelni, aki az egóját a beszélő szintjéről az állati szintre fokozza le, ezen érzés azonban így pusztán állati szintű lesz. Ezen a szinten az ember testi és pszichológiai szempontból kényelmesen és jól érzi magát, de ideiglenesen. A megállás nélkül növekvő és az embert az állattól különbözővé tevő ego nem fogja hagyni, hogy az ember hosszú távon megelégedjen ezzel a helyzettel.

Egy másik szemszögből pedig azt lehet mondani, hogy az állati „jó és jótevő" szint mint állapot érződik, mígnem ezzel szemben a kijavított beszélő szintjén mindez véget nem érő folyamat. A szintek közti különbség bizonyos értelemben ahhoz a különbséghez hasonlít, amikor az egyik ember annak köszönhetően érzi jól magát, hogy teljesen kikapcsolja a gondolatait és csak a testi élvezetről gondoskodik, míg a másik, aki a fejét is működésbe hozza, az életről annak elejétől a végéig gondolkozik. S aki az életről gondolkozik, az a természetnek egy magasabb dimenziójával van kapcsolatban.

Aki a kijavított beszélőnek a szintjén éri el a „jó és jótevő" érzését, az nemcsak azt érzi, hogy „jó neki az életben", hanem hogy egy magasabb valósággal, információ- és folyamat-áramlással áll kapcsolatban. Boldogság tölti el a természet teljességének elérése. Megszabadul valamennyi korlátozottságától. Az ilyen ember nem azonosítja többé az „énjét" a testével. A gondolata az öt testi érzékszervén át észlelt valóság fölötti szintre, a természet belső gondolatába, az egyetemes és végtelen információmezőhöz emeli. Ezért nem érzi majd, hogy az „énje" megszűnne létezni a test halálával.

Végezetül, az anyagi értelemben vett visszatérés a természethez nem kapcsolódik a természetteli egyensúlyteremtés spirituális folyamatához. Ráadásul megvan annak a veszélye, hogy eltereli a figyelmünket az emberen belüli beszélő szint, a gondolati szint egyensúlya utáni keresésnek a szükségességéről.

A Kabbala Bölcselete, amelynek néhány főbb alapelvét a könyvben bemutattuk, a már idáig bejárt, illetve mindazon jövőbeli fejlődési állomásokat részletezi, amelyek a természet céljának eléréséhez szükségesek. A Kabbala azt magyarázza, hogy jelen korszakunkban hatalmas változás fog beállni az emberek tudatában, amely folyamatnak már az elején tartunk. Az emberiség be fogja váltani a természet programját, efelől semmi kétség. A kérdés csak az, hogy mennyi idő múlva, és miként.

Elérhetőségek

Weboldal:
www.kabbalah.info/hung
www.kab.info

Kabbala-TV:
www.kab.tv

Kabbala-könyvek:
www.kabbalahbooks.info

Ingyenes magyar nyelvű tanfolyamok:
www.kabbalah.info/hung

Blog:
www.laitman.hu
www.laitman.com

Információ a magyar nyelvű tanfolyamainkról:
hungarian@kabbalah.info

Bnéj Baruch Egyesület
PO BOX 3228
Petach Tikva 49513
Israel

Kabbalah Books
1057 Steeles Avenue West, Suite 532
Toronto, ON, M2R 3X1
Canada
E-mail: info@kabbalahbooks.info
Weboldal: www.kabbalahbooks.info
Tel: 1 416 274 7287

www.ingramcontent.com/pod-product-compliance
Lightning Source LLC
Chambersburg PA
CBHW061238140726
47998CB00006B/2021